難関私大対策の急所

牛山恭範

はじめに　急所を外せば不合格になりやすい

第1章　よくある間違いだらけの対策　他の人が常識にとらわれているからこそ、あなたが合格できる

第2章　対策の概略　間違った対策では合格できない

第4章 難関私大を突破できる記憶しやすい勉強法　記憶する観点からオススメの問題集と参考書

難関私立大学12大学（早稲田、慶應、上智、明治、青学、立教、中央、法政、関西、関西学院、同志社、立命館）の受験科目及び配点一覧表

【表の見方】

●印……必須科目
○印……選択科目
備考欄……選択科目の中からどのような選び方をすることを求められているか等を記載。
例）地歴・公・理↓1　3科目の中から1科目を選択して受験。

【ご注意】

受験形式の変動が激しい大学がありますので、必ず自分で確認して出願を行うようにしてください。受験戦略立案のための考察用として掲載しておきます。

早稲田大学

	外国語	国語	地歴	公民	数Ⅰ	数Ⅱ	小論文	配点(満点)	備考
政治経済	●(90)	●(70)	○1(70)	○1(70)	○1(70)			230	オラコンはⅠ・Ⅱ。外はセ試の独・仏の利用可
法	●(60)	●(50)	○1(40)	○1(40)				150	外はセ試の独・仏・中の利用可
文化構想	●(75)	●(75)	●(50)					200	外はセ試の独・仏・中・韓の利用可
文	●(75)	●(75)	●(50)					200	外はセ試の独・仏・中・韓の利用可
教育/文科系＝理学科、数学科以外(A方式)	●(50)	●(50)	○1(50)	○1(50)	○1(100)			150	教育(初等教育)、複合文化も選択可。英語英文学科の外は英語必須。国語国文の国語、英語英文・複合文化の外国語の得点は調整後の得点の 1.5 倍
国際教養	●(100)	●(50)	○1(50)		○1(50)			200	オラコンはⅠ・Ⅱ(リスニングを含む)
商	●(80)	●(60)	○1(60)	○1(60)	○1(60)			360	外はセ試の独・仏・中・韓の利用可
社会科学	●(50)	●(40)	○1(40)	○1(40)	○1(40)			130	
人間科学(文系A方式)	●(50)	●(50)	○1(50)	○1(50)	○1(50)			150	文系A方式・理系B方式のいずれかを選択
スポーツ科学	●(75)	○1(75)			○1(75)		●(33)	183	

慶應義塾大学

	外国語	小論文	地歴（世界史・日本史どちらか選択）	数学	外国語及び数学	備考
法学部	● (200)	● (100)	● (100)			
文学部	● (150)	● (100)	● (100)			
経済学部（A方式）	● (200)	● (70)		● (150)		
経済学部（B方式）	● (200)	● (70)	● (150)			
商学部（A方式）	● (200)		● (100)	● (100)		
商学部（B方式）	● (200)	● (100)	● (100)			
総合政策学部	○1 (200)	● (200)		○1 (200)	○1 (200)	
環境情報学部	○1 (200)	● (200)		○1 (200)	○1 (200)	

明治大学

	国語	外国語	地歴	公民	数Ⅰ	数Ⅱ	数Ⅲ	物理	化学	生物	情報総合	配点（満点）	備考
法（一般入試）	●(100)	●(150)	○1(100)	○1(100)								350	地歴・公・理→1
法（全学部統一）	●(100)	●(100)	○1(100)	○1(100)	○1(100)			○1(100)	○1(100)	○1(100)		300	
商（一般入試）	●(100)	●(150)	○1(100)	○1(100)	○1(100)							350	
商（全学部統一）	●(150)	●(200)	○1(100)	○1(100)	○1(100)							450	
政治経済（一般入試）	●(100)	●(150)	○1(100)	○1(100)	○1(100)							350	
政治経済（全学部統一）	○1(100)	●(150)	○1(100)	○1(100)	●(100)		○1(100)	○1(100)	○1(100)	○1(100)		450	地歴・公・理→1 国・数→1
文（一般入試）	●(100)	●(100)	●(100)									300	
文（全学部統一）	●(100)	●(100)	○1(100)	○1(100)	○1(100)			○1(100)	○1(100)	○1(100)		300	地歴・公・理・数→1
経営（一般入試）	●(100)	●(150)	○1(100)	○1(100)	○1(100)							350	
経営（全学部 a 統一）	●(100)	●(150)	○1(100)	○1(100)	○1(100)							350	
情報コミュニケーション（一般A方式）	●(150)	●(150)	○1(150)	○1(150)	○1(150)							450	
情報コミュニケーション（一般B方式）		●(150)			●(150)						●(150)	450	
情報コミュニケーション（全学部統一）	○2(100)	●(150)	○2 00)	○2(100)	○2(100)			○2(100)	○2(100)	○2(100)		350	地歴・公・理→1
国際日本（一般入試）	●(150)	●(200)	○1(100)	○1(100)								450	
国際日本（全学部統一）	●(100)	●(200)	○1(100)	○1(100)	○1(100)			○1(100)	○1(100)	○1(100)		400	

青山学院大学

	外国語	国語	地歴	公民	数Ⅰ	数Ⅱ	数Ⅲ	小論文	外国語（オラコン）	配点（満点）	備考
教育人間科学 / 教育	●(200)	●(200)	●(100)							500	
教育人間科学 / 心理	●(200)	●(200)	●(100)							500	Listening & Composition（英Ⅰ・Ⅱ・R・W、オラコンⅠ・Ⅱ）200点
教育人間科学（全学部日程）	●(150)	●(100)	○1(100)	○1(100)	○1(100)					350	
文 / 英米文（A方式）	●(200)	●(100)	●(100)							400	
文 / 英米文（B方式）	●(200)								●(200)	400	
文 / フランス文（A方式）	●(200)	●(100)	●(100)							400	
文 / フランス文（B方式）	●(200)							●(200)			論述試験に基準点を設け、基準点に達した者のうち外国語の上位者を合格とする。小論文は論述試験で、文化・社会等に関する文章を提示し、読解力・論述力をみる
文 / 日本文（A方式）	●(100)	●(150)	●(100)							350	
文 / 日本文（B方式）	●(100)	●(200)								300	
文 / 史学	●(100)	●(100)	●(100)							300	
文 / 比較芸術	●(100)	●(100)	●(100)							300	
文 / 英米文、フランス文	●(150)	●(100)	○1(100)	○1(100)	○1(100)					350	
文 / 日本文、史、比較芸術	●(150)	●(150)	○1(100)	○1(100)	○1(100)					400	
総合文化政策（A方式）	●(150)	●(100)	○1(100)	○1(100)	○1(100)					350	

	外国語	国語	地歴	公民	数Ⅰ	数Ⅱ	数Ⅲ	小論文	外国語（オラコン）	配点（満点）	備考
総合文化政策（B方式）	●(150)		○1 (100)	○1 (100)	○1 (100)			●(100)		250	
総合文化政策（全学部日程）	●(150)	●(100)	○1 (100)	○1 (100)	○1 (100)					350	
経済（個別学部日程）	●(150)	●(100)	○○1 (100) (100)		○1 (100)					350	
経済（全学部日程）	●(150)	●(100)	○1 (100)	○1 (100)	○1 (100)					350	
法学部（A方式）	●(150)	●(100)	○1 (100)	○1 (100)	○1 (100)				○1 (100)	350	
法学部（B方式）	●(150)	●(100)	○1 (100)	○1 (100)	○1 (100)					350	
法学部（全学部日程）	●(150)	●(100)	○1 (100)	○1 (100)	○1 (100)					350	
法学部（全学部日程）	●(150)	●(100)	○1 (100)	○1 (100)	○1 (100)					350	
経営学部（A方式）	●(150)	●(100)	○1 (100)	○1 (100)	○1 (100)					350	
経営学部（B方式）	●(150)	●(100)	○1 (100)	○1 (100)	○1 (100)					350	
経営学部（全学部日程）	●(150)	●(100)	○1 (100)	○1 (100)	○1 (100)					350	
国際政経／国際経済（個別学部日程）	●(150)	●(100)	○1 (100)	○1 (100)	○1 (100)					350	
国際政経／国際経済以外（B方式）	●(250)	●(100)								350	
社会情報（A方式）	●(150)	●(100)	○1 (100)	○1 (100)						350	
社会情報（B方式）	●(150)				●(200)					350	
社会情報（全学部A方式）	●(150)	●(100)	○1 (100)	○1 (100)	○1 (100)					350	
社会情報（全学部B方式）	●(150)				●(150)					300	
国際政治経済（全学部日程）	●(150)	●(100)	○1 (100)	○1 (100)	○1 (100)					350	

立教大学

	外国語	国語	地歴	公民	数Ⅰ	数Ⅱ	配点（満点）	備考
文／史学以外（個別学部日程）	●(200)	●(200)	●(100)				500	
文／史学（個別学部日程）	●(200)	●(200)	●(200)				600	
文（全学部日程）	●(200)	●(200)	●(100)				500	
異文化コミュニケーション（個別・全学部）	●(200)	●(200)	●(100)				500	
経済（個別・全学部）	●(150)	●(150)	○1(100)		○1(100)		400	
経営（個別・全学部）	●(150)	●(100)	○1(100)		○1(100)		350	
社会（個別・全学部）	●(150)	●(100)	○1(100)		○1(100)		350	
法（個別・全学部）	●(200)	●(200)	○1(100)		○1(100)		500	
観光（個別学部日程）	●(200)	●(200)	○1(100)		○1(100)		500	
観光（全学部日程）	●(200)	●(200)	○1(100)		○1(100)		500	
コミュニティ福祉（個別・全学部）	●(200)	●(200)	○1(100)		○1(100)		500	
現代心理（個別・全学部）	●(150)	●(150)	○1(100)		○1(100)		400	

中央大学

	外国語	国語	地歴	公民	数Ⅰ	数Ⅱ	商業（簿記会計）	配点（満点）	備考
法/法律、政治（統一4教科型）	●(150)	●(100)	○1(100)	○1(100)	●(100)			450	
法/法律、政治（統一3教科型）	●(150)	●(100)	○1(100)	○1(100)	○1(100)			350	
法/国際企業関係法（統一4教科型）	●(200)	●(100)	○1(100)	○1(100)	●(100)			500	
法/国際企業関係法（統一3教科型）	●(200)	●(100)	○1(100)	○1(100)	○1(100)			400	
法/法律、政治（一般4教科型）	●(150)	●(100)	○1(100)	○1(100)	●(100)			450	
法/法律、政治（一般3教科型）	●(150)	●(100)	○1(100)	○1(100)	○1(100)			350	
法/国際企業関係法（一般4教科型）	●(200)	●(100)	○1(100)	○1(100)	●(100)			500	
法/国際企業関係法（一般3教科型）	●(200)	●(100)	○1(100)	○1(100)	○1(100)			400	
経済（統一入試）	○3(100)	○3(100)	○3(100)	○3(100)	○3(100)			300	地歴・公→1
経済（一般入試）	●(150)	●(100)	○1(100)	○1(100)	○1(100)			350	

	外国語	国語	地歴	公民	数Ⅰ	数Ⅱ	商業（簿記会計）	配点（満点）	備考
商（統一入試）	●（150）	●（100）	○1（100）	○1（100）	○1（100）			350	
商（一般入試）	●（150）	●（100）	○1（100）	○1（100）	○1（100）		○	350	地歴・公民・数に代えて商業（簿記・会計）の選択可
文/日本史、社会情報、社会、心理（統一入試）	●（100）	●（100）	○1（100）	○1（100）	○1（100）			300	
文/国文学（統一入試）	●（150）	●（150）	○1（100）	○1（100）	○1（100）			400	
文/日本史、社会情報、社会、心理、国文学以外（統一入試）	●（150）	●（100）	○1（100）	○1（100）	○1（100）			350	
文/日本史、社会情報、社会、心理（一般入試）	●（100）	●（100）	○1（100）	○1（100）	○1（100）			300	
文/国文学（一般入試）	●（150）	●（150）	○1（100）	○1（100）	○1（100）			400	
文/日本史、社会情報、社会、心理、国文学以外（一般入試）	●（150）	●（100）	○1（100）	○1（100）	○1（100）			350	地歴・公→1
総合政策（統一4教科型）	●（150）	●（100）	○1（100）	○1（100）	●（100）			450	
総合政策（統一3教科型）	●（150）	●（100）	○1（100）	○1（100）	○1（100）			350	
総合政策（一般入試）	●（150）	●（100）						250	

法政大学

	外国語	国語	地歴	公民	数Ⅰ	数Ⅱ	小論文	配点（満点）	備考
法（T日程）	●(150)	○1(100)	●(100)		○1(100)			350	
法（A方式）	●(150)	●(150)	○1(100)	○1(100)	○1(100)		●(100)	350	
文/日本文（T日程）		●(100)						200	
文/哲、英文、史、心理（T日程）	●(150)	○1(100)			○1(100)			250	
文/地理（T日程）	●(150)		●(100)					250	
文/哲、日本文、史（A方式）	●(150)	●(100)	○1(100)	○1(100)	○1(100)			300	
文/英文、地理、心理（A方式）	●(150)	●(100)	○1(100)	○1(100)	○1(100)			350	
経済（T日程）	●(150)	○1(100)			○1(100)			250	
経済（A方式）	●(150)	●(100)	○1(100)	○1(100)	○1(100)			350	
社会（T日程）	●(150)	○1(100)	●(100)		○1(100)			350	
社会（A方式）	●(150)	●(100)	○1(100)	○1(100)	○1(100)			350	
経営（T日程）	●(150)	○1(100)			○1(100)			250	

	外国語	国語	地歴	公民	数Ⅰ	数Ⅱ	小論文	配点（満点）	備考
経営（A方式）	●(150)	●(100)	○1(100)	○1(100)	○1(100)			350	
国際文化（T日程）	●(150)	○1(100)			○1(100)			250	
国際文化（A方式）	●(150)	●(100)	○1(100)	○1(100)	○1(100)			350	
人間環境（T日程）	●(150)	○1(100)			○1(100)			250	
人間環境（A方式）	●(150)	●(100)	○1(100)	○1(100)	○1(100)			350	
現代福祉（T日程）	●(150)	○1(100)			○1(100)			250	
現代福祉（A方式）	●(150)	●(100)	○1(100)	○1(100)	○1(100)			350	
キャリアデザイン（T日程）	●(150)	○1(100)			○1(100)			250	
キャリアデザイン（A方式）	●(150)	●(100)	○1(100)	○1(100)	○1(100)			350	
グローバル教養（A方式）	●(200)	●(100)						300	
スポーツ健康（T日程）	●(150)	○1(100)			○1(100)			250	
スポーツ健康（A方式）	●(150)	●(100)	○1(100)	○1(100)	○1(100)			350	

上智大学

	外国語	国語	地歴	公民	数Ⅰ	数Ⅱ	化Ⅰ	生Ⅰ	小論文	面接	配点（満点）	備考
神（一般入試）	●(150)	●(100)	●(100)						●(2次)	●(2次)	350	
文/哲学（一般入試）	●(150)	●(100)	○1(100)		○1(100)				●(60)		410	小論文以外の3科目によって1次選考→一定得点に達した受験生のみ小論文の採点をして、合計得点で最終選考を行う
文/史学（一般入試）	●(150)	●(100)	●(100)								400	他に学科試問（歴史学をめぐる試問=50点）を課す。3科目によって1次選考→一定得点に達した受験生のみ「学科試問」の採点をして、合計得点で最終選考を行う
文/新聞（一般入試）	●(150)	●(100)	●(100)								450	他に学科試問（メディア/ジャーナリズムに関する=100点）を課す。学科試問を除く3科目によって1次選考→一定得点に達した受験生のみ「学科試問」の採点をして、合計得点で最終選考。
文/国文（一般入試）	●(150)	●(150)	●(100)								400	科目減…学科試問（50点）。英文学科の外は英語(200点。満点は400点）指定、フランス文学科は英仏から1、ドイツ文学科は英・独から1
文/英文、独文、仏文（一般入試）	●(150)	●(100)	●(100)								350	

	外国語	国語	地歴	公民	数Ⅰ	数Ⅱ	化Ⅰ	生Ⅰ	小論文	面接	配点（満点）	備考
総合人間科学 / 教育（一般入試）	●(150)	●(100)	○1(100)		○1(100)						350	
総合人間科学 / 心理（一般入試）	●(150)	●(100)	○1(100)		○1(100)					●(2次)	350	
総合人間科学 / 社会（一般入試）	●(150)	●(100)	○1(100)		○1(100)						350	
総合人間科学 / 社会福祉（一般A方式）	●(150)	●(100)	○1(100)		○1(100)						350	
総合人間科学 / 社会福祉（一般B方式）									●	●	350	
総合人間科学 / 看護（一般入試）	●(150)	●(100)			○1(100)		○1(100)	○1(100)		●(2次)	350	数・理→1
法（一般入試）	●(150)	●(100)	○1(100)		○1(100)						350	
経済 / 経済（一般入試）	●(150)	●(100)			●(100)						350	
経済 / 経営（一般入試）	●(150)	●(100)	○1(100)		○1(100)						350	
外国語 / 英語（一般入試）	●(150)	●(100)	○1(100)		○1(100)					●(2次)	350	2次で英文解釈・リスニング・時事教養問題（英作文）あり
外国語 / 英語以外（一般入試）	●(150)	●(100)	○1(100)		○1(100)						350	
☆総合グローバル（一般入試）	●(150)	●(100)	●(100)								350	

関西大学

	外国語	国語	地歴	公民	数Ⅰ・数A	数Ⅱ・数B	数Ⅲ・数C	配点（満点）
文（個別3教科）	●(150)	●(200)	○1 (100)	○1 (100)	○1 (100)			450
文（個別2教科型漢英方式）	●(200)	●(200)						400
文（全学部3教科）	●(150)	●(200)	○1 (100)	○1 (100)	○1 (100)			450
文（後期3教科）	●(150)	●(200)	○1 (100)	○1 (100)	○1 (100)			450
法（個別3教科）	●(150)	●(200)	○1 (100)	○1 (100)	○1 (100)			450
法（全学部3教科）	●(150)	●(200)	○1 (100)	○1 (100)	○1 (100)			450
法（後期3教科）	●(150)	●(200)	○1 (100)	○1 (100)	○1 (100)			450
経済（個別3教科）	●(150)	●(200)	○1 (100)	○1 (100)	○1 (100)			450
経済（全学部3教科）	●(150)	●(200)	○1 (100)	○1 (100)	○1 (100)			450
経済（全学部2教科）	●(150)	●(200)						350
経済（後期3教科）	●(150)	●(200)	○1 (100)	○1 (100)	○1 (100)			450
商（個別3教科）	●(150)	●(200)	○1 (100)	○1 (100)	○1 (100)			450
商（全学部3教科）	●(150)	●(200)	○1 (100)	○1 (100)	○1 (100)			450
商（後期3教科）	●(150)	●(200)	○1 (100)	○1 (100)	○1 (100)			450
社会（個別3教科）	●(150)	●(200)	○1 (100)	○1 (100)	○1 (100)			450
社会（全学部3教科）	●(150)	●(200)	○1 (100)	○1 (100)	○1 (100)			450
社会（後期3教科）	●(150)	●(200)	○1 (100)	○1 (100)	○1 (100)			450
政策創造（個別3教科）	●(150)	●(200)	○1 (100)	○1 (100)	○1 (100)			450

	外国語	国語	地歴	公民	数Ⅰ・数A	数Ⅱ・数B	数Ⅲ・数C	配点（満点）
政策創造（全学部３教科）	●(150)	●(200)	○1 (100)	○1 (100)	○1 (100)			450
政策創造（後期３教科）	●(150)	●(200)	○1 (100)	○1 (100)	○1 (100)			450
外国語（個別３教科）	●(150)	●(200)	○1 (100)	○1 (100)	○1 (100)			450
外国語（全学部２教科）	●(100)	●(200)						300
外国語（後期１教科）		●(200)						200
人間健康（個別３教科）	●(150)	●(200)	○1 (100)	○1 (100)	○1 (100)			450
人間健康（全学部３教科）	●(150)	●(200)	○1 (100)	○1 (100)	○1 (100)			450
人間健康（全学部２教科）	●(150)	●(200)						350
人間健康（後期３教科）	●(150)	●(200)	○1 (100)	○1 (100)	○1 (100)			450
社会安全（個別３教科）	●(150)	●(200)	○1 (100)	○1 (100)	○1 (100)			450
社会安全（全学部３教科）	●(150)	●(200)	○1 (100)	○1 (100)	○1 (100)			450
社会安全（全学部２教科）		●(200)				●(200)		400
社会安全（後期３教科）	●(150)	●(200)	○1 (100)	○1 (100)	○1 (100)			450
社会安全（後期２教科）		●(200)				●(200)		400
総合情報（個別３教科）	●(150)	●(200)	○1 (100)	○1 (100)	○1 (100)			450
総合情報（個別２教科選択型）	○2 (200)	○2 (200)			○2 (200)			400
総合情報（個別２教科型英数方式）		●(200)			●(200)			400
総合情報（全学部３教科）	●(150)	●(200)	○1 (100)	○1 (100)	○1 (100)			450
総合情報（全学部２教科）		●(200)			●(200)			400
総合情報（後期３教科）	●(150)	●(200)	○1 (100)	○1 (100)	○1 (100)			450
総合情報（後期２教科）		●(200)			●(200)			400

関西学院大学

	国語	外国語	地歴	公民	数Ⅰ	数Ⅱ	数Ⅲ・C	配点（満点）	備考
神（全学日程）	●(200)	●(200)	○1(150)		○1(150)			550	
神（学部個別日程）	○2(150)	●(200)	○2(150)		○2(150)			500	
文（全学日程）	●(200)	●(200)	○1(150)		○1(150)			550	
文（学部個別日程）	○2(150)	●(200)	○2(150)		○2(150)			500	
社会（全学日程）	●(200)	●(200)	○1(150)		○1(150)			550	
社会（学部個別日程）	○2(150)	●(200)	○2(150)		○2(150)			500	
社会（独自英・数）		●(250)			●(250)			500	
法（全学日程）	●(200)	●(200)	○1(150)		○1(150)			550	
法（学部個別日程）	○2(150)	●(200)	○2(150)		○2(150)			500	
法（独自英・数）		●(200)			●(200)			400	
経済（全学日程）	●(200)	●(200)	○1(150)		○2(150)			550	
経済（学部個別日程）	○2(150)	●(200)	○2(150)		○1(150)			500	
経済（独自英・数）		●(200)			●(200)			400	
商（全学日程）	●(200)	●(200)	○2(150)		○1(150)			550	

	国語	外国語	地歴	公民	数Ⅰ	数Ⅱ	数Ⅲ・C	配点（満点）	備考
商（学部個別日程）	○2 (100)	● (200)	○2 (100)		○2 (100)			400	
商（独自英・数）		● (200)			● (200)			400	
人間福祉（全学日程）	● (200)	● (200)	○1 (150)		○1 (150)			550	
人間福祉（学部個別日程）	● (150)	● (200)						350	
人間福祉（独自英・数）		● (200)			● (150)			350	
国際（全学日程）	● (200)	● (200)	○1 (150)		○1 (150)			550	
国際（全学英英型）		● (400)						400	マーク式 (200点) と日本語訳など (200点) の英語2種
国際（学部個別日程）	○2 (150)	● (250)	○2 (150)		○2 (150)			550	
国際（独自英・数）		● (250)			● (150)			400	
教育／文系型（全学日程）	● (200)	● (200)	○1 (150)		○1 (150)			550	
教育／文系型（学部個別日程）	○2 (150)	● (200)	○2 (150)		○2 (150)			500	
総合政策／文系型（全学日程）	● (200)	● (200)	○2 (150)		○1 (150)			550	
総合政策／文系型（学部個別日程）	○2 (100)	● (200)	○2 (100)		○2 (100)			400	
総合政策（独自英・数）		● (200)			● (200)			400	

同志社大学							
	外国語	国語	地歴	公民	数Ⅰ数A 数Ⅱ数B	配点（満点）	備考
法（全学部文系）	●(150)	●(200)	○1（150）	○1（150）	○1（150）	500	
法（学部個別）	●(150)	●(200)	○1（150）	○1（150）	○1（150）	500	
文（全学部文系）	●(150)	●(200)	○1（150）	○1（150）	○1（150）	500	
文（学部個別）	●(150)	●(200)	○1（150）	○1（150）	○1（150）	500	
経済（全学部文系）	●(150)	●(200)	○1（150）	○1（150）	○1（150）	500	
経済（学部個別）	●(150)	●(200)	○1（150）	○1（150）	○1（150）	500	
商（全学部文系）	●(150)	●(200)	○1（150）	○1（150）	○1（150）	500	
商（学部個別）	●(150)	●(200)	○1（150）	○1（150）	○1（150）	500	
社会（全学部文系）	●(150)	●(200)	○1（150）	○1（150）	○1（150）	500	
社会（学部個別）	●(150)	●(200)	○1（150）	○1（150）	○1（150）	500	
神（全学部文系）	●(150)	●(200)	○1（150）	○1（150）	○1（150）	500	
神（学部個別）	●(150)	●(200)	○1（150）	○1（150）	○1（150）	500	
政策（学部個別）	●(150)	●(200)	○1（150）	○1（150）	○1（150）	500	

	外国語	国語	地歴	公民	数Ⅰ 数A / 数Ⅱ 数B	配点（満点）	備考
政策（全学部文系）	●(150)	●(200)	○1（200）	○1（200）	○1（200）	550	地歴・公民・数は同日実施の共通問題（150点）を使用し、配点を200点に換算
文化情報／文系型（全学部文系）	●(150)	●(200)	○1（150）	○1（150）	○1（150）	500	
文化情報／文系型（学部個別）	●(150)	●(200)	○1（150）	○1（150）	○1（150）	500	
スポーツ健康科学（全学部文系）	●(150)	●(200)	○1（150）	○1（150）	○1（150）	500	
スポーツ健康科学（学部個別日程・文系型）	●(150)	●(200)	○1（150）	○1（150）	○1（150）	500	
心理（全学部文系）	●(150)	●(200)	○1（150）	○1（150）	○1（150）	500	
心理（学部個別日程・文系型）	●(150)	●(200)	○1（150）	○1（150）	○1（150）	500	
グローバル・コミュニケーション／英語コース（全学部文系）	●(150)	●(250)	○1（150）	○1（150）	○1（150）	550	英は同日実施の共通問題（200点）を使用し、配点を250点に換算
グローバル・コミュニケーション／中国語コース（全学部文系）	●(150)	●(200)	○1（150）	○1（150）	○1（150）	500	
グローバル・コミュニケーション／英語コース（学部個別）	●(150)	●(250)	○1（150）	○1（150）	○1（150）	550	英は同日実施の共通問題（200点）を使用し、配点を250点に換算
グローバル・コミュニケーション／中国語コース（学部個別）	●(150)	●(200)	○1（150）	○1（150）	○1（150）	500	
グローバル地域文化（全学部文系）	●(150)	●(200)	○1（150）	○1（150）	○1（150）	500	
グローバル地域文化（学部個別）	●(150)	●(200)	○1（150）	○1（150）	○1（150）	500	

立命館大学

	国語	外国語	地歴	公民	数Ⅰ 数A	数Ⅱ 数B	配点（満点）	備考
法（全学統一文系）	●(100)	●(120)	○1 (100)	○1 (100)	○1 (100)		320	
法（学部個別）	●(150)	●(150)	○1 (100)	○1 (100)	○1 (100)		400	
経済（全学統一文系）	●(100)	●(120)	○1 (100)	○1 (100)	○1 (100)		320	
経済／国際経済（学部個別）	●(100)	●(200)			●(100)		400	
経済／経済（学部個別）	●(100)	●(100)			●(150)		350	
経営（全学統一文系）	●(100)	●(120)	○1 (100)	○1 (100)	○1 (100)		320	
経営／国際経営（学部個別）	●(100)	●(150)	○1 (100)	○1 (100)	○1 (100)		350	
経営／経営（学部個別）	●(100)	●(120)	○1 (150)	○1 (150)	○1 (150)		370	
経営（後期分割）	●(100)	●(120)					220	
産業社会（全学統一文系）	●(100)	●(120)	○1 (100)	○1 (100)	○1 (100)		320	
産業社会（学部個別）	●(100)	●(100)	○1 (200)	○1 (200)			400	
産業社会（後期分割）	●(100)	●(120)					220	
国際関係／国際関係＝国際関係（全学統一文系）	●(100)	●(120)	○1 (120)	○1 (120)	○1 (120)		340	
国際関係（学部個別）	●(100)	●(150)	○1 (100)	○1 (100)	○1 (100)		350	

	国語	外国語	地歴	公民	数Ⅰ 数A	数Ⅱ 数B	配点（満点）	備考
国際関係（ＩＲ方式）		●(300)					300	
国際関係／国際関係＝国際関係（後期分割）	●(100)	●(120)					220	
政策科学（全学統一文系）	●(100)	●(120)	○1 (100)	○1 (100)	○1 (100)		320	
政策科学（学部個別）	●(100)	●(100)	○1 (150)	○1 (150)	○1 (150)		350	
政策科学（後期分割）	●(100)	●(120)					220	
文／人文＝国際文化、コミュニケーション（全学統一文系）	●(100)	●(150)	○1 (100)	○1 (100)	○1 (100)		350	
文／人文＝国際文化、コミュニケーション以外（全学統一文系）	●(100)	●(120)	○1 (100)	○1 (100)	○1 (100)		320	
文／人文＝人間研究、日本文学研究、東洋研究、心理（学部個別）	●(200)	●(100)	○1 (100)	○1 (100)	○1 (100)		400	
文／人文＝日本史研究、国際文化、地域研究（学部個別）	●(100)	●(100)	○1 (200)	○1 (200)	○1 (200)		400	
文／人文＝コミュニケーション（学部個別）	●(100)	●(200)	○1 (100)	○1 (100)	○1 (100)		400	
文（後期分割）	●(100)	●(120)					220	
映像（全学統一文系）	●(100)	●(120)	○1 (100)	○1 (100)	○1 (100)		320	
映像（学部個別文系）	●(100)	●(100)	○1 (150)	○1 (150)	○1 (150)		350	
映像（後期分割）	●(100)	●(120)					220	
スポーツ健康科学（全学統一文系）	●(100)	●(120)	○1 (100)	○1 (100)	○1 (100)		320	

◉理系の一覧表について

紙面の都合により、理系については、本の中に表記しにくいこともあり、ウェブ上に置いています。希望される方は、こちらのページからご確認ください。

検索「ディジシステム」↓小論文のタブをクリック↓一番右下にテキストリンク「難関私大理系受験科目、配点一覧表」をクリック

はじめに

Introduction

急所を外せば不合格になりやすい

受験に不安がある人へ（受験は頭の良さだけではない）

私もかつて自分が受験する時には、大きな不安がありました。ここは、あなたと同じです。それに、今でこそ勉強法や合格法を人に詳しく教えたり、小論文やその他の科目の指導を仕事で行うようになりましたが、かつては本当に結果につながらない勉強ばかりしていました。

その結果どうなったかと言いますと、がんばってもがんばっても成績が上がらなかったのです。どうやれば勉強ができるようになるのか？　自分は頭が悪いのではないか？　そんな風に悩みながら孤軍奮闘したものです。

そんな風に勉強に困っている時に、たまたまある勉強法を知ったのです。その勉強法とは、東大に二度合格し、東大、京大、慶應、早稲田の文系・理系に合格し、東大の医学部に進学していた人の勉強法でした。

そのような効果的な学習方法を知ってから、私は勉強ができるようになりました。あれだけ苦労した勉強がまったく苦にならなくなりました。最初から最後まで、どうやれば合格できるのかも、イメージできるようになったのです。その後私は独学で勉強を行い、慶應大学にダブル合格しました。

多くの人は頭が良くなければ難関大学は合格できないと思っています。これは大きな勘違いです。

本書で皆さんにお伝えするのは、このような経験を通しての気づきと、その後私がずっと研究を重ねてきた結果分かったことです。

今では、私は多くの受験生をサポートする仕事をするようになりました。学習方法を研究し、突出した成果を出すことができるように、支援するのが私の仕事です。どのように勉強すれば頭に残るのか？　どのように勉強すれば成果につながりやすいのか？　こういうことを研究するのが私の仕事です。教え子は難関私立大学にどんどん合格し、進学しています。私と同じように、彼らの中には、偏差値も最初は低く、スポーツやその他のことに熱中していたので、学生時代はあまり勉強をがんばることができなかった子達もいます。

彼らも最初は不安を感じていました。しかし今は早稲田や慶應に合格し、いきいきと学生生活を楽しみ、勉強をがんばっているようです。ぜひ本書であなたも難関私立大学の合格をつかんでください。

受験には急所がある

受験には急所があります。左のページの図を見てください。ボーリングのピンが並んでいますね。どこをめがけて投げれば、ストライクを取ることができるでしょうか。

センターピンです。

何も難しく考えなくていいのです。ボーリングのボールはそれぞれ違うとか、腕の筋力はみんな違うからといって、みんなが違う方法でボールを転がせばいいというわけでもありません。そのような主張には一理ありますが、それよりももっと大事なことは、センターピンを貫くということです。ここから外れてしまっては、倒れるものも倒れなくなってしまいます。これと同じで、受験にも急所があります。

多くの人は急所を押さえていないので、ワンランク、ツーランクと、希望する大学から偏差値を落として進学しています。大変もったいないことです。

受験のセンターピンは何かということを考えましょう。それを本書では解説します。

急所とは全てがかかっているポイント

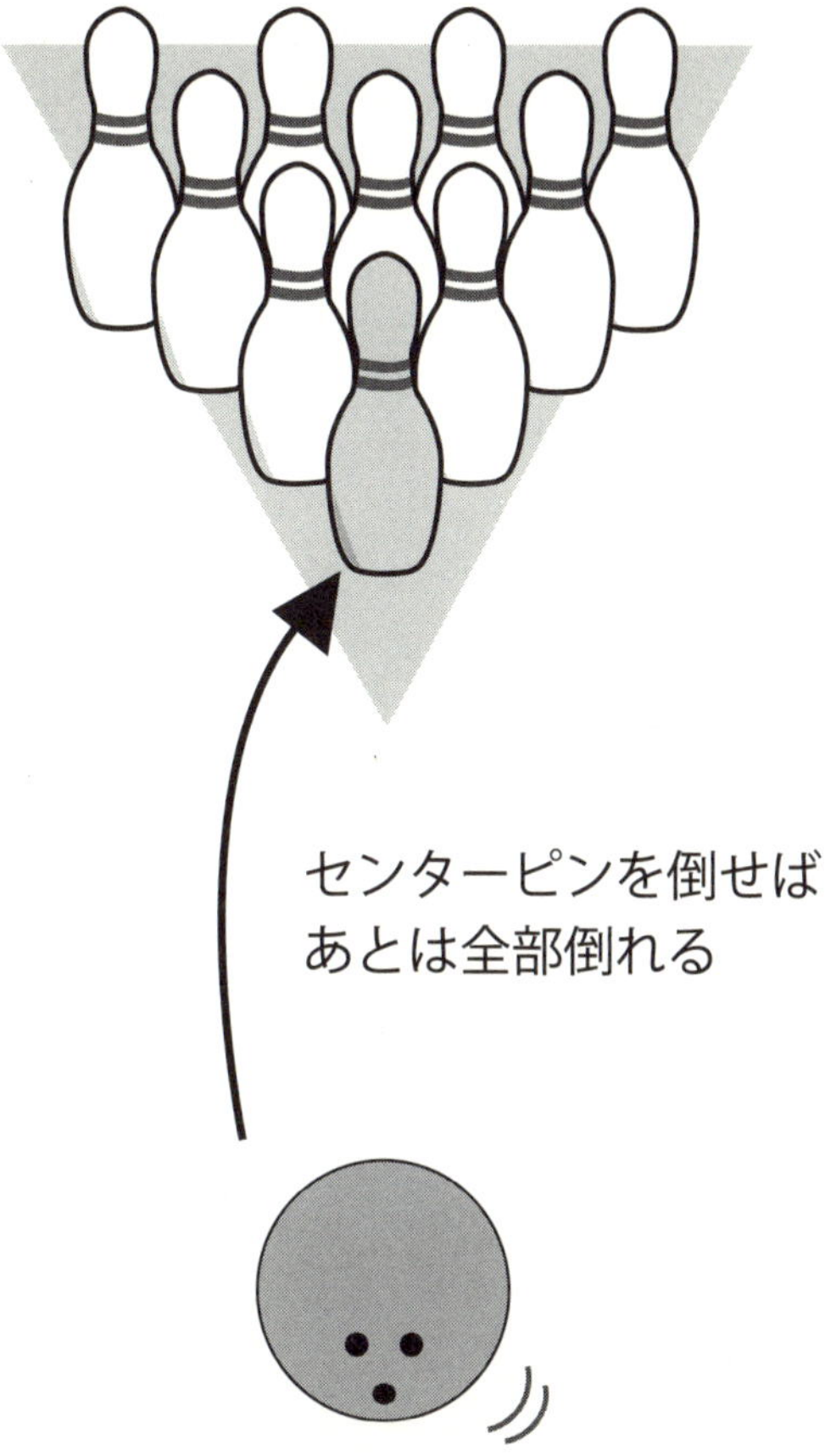

急所を押さえた上で併願すれば、慶應、早稲田だけではなく、難関私立大学（早稲田、慶應、上智、明治、青学、立教、中央、法政、関西、関西学院、同志社、立命館）には必ず合格できる

私の生徒には、東京大学医学部受験生がいます。私は東大に合格しているわけではありません。なぜ生徒がいるのでしょうか。その理由は私は記憶に関するスペシャリストだからです。そして、記憶こそが受験の急所になっているからです。

受験の急所は、いくつかありますが、大原則は記憶です。記憶できていれば合格できます。ところがいかにこの急所から外れた受験（記憶作業の効率化を軽視した勉強）を行って失敗してしまっている人が多いでしょうか。あなたが仮に、勉強が得意でなかったとしても大丈夫です。必ず私があなたを難関私立大学に合格させてみせます。

小論文であなたも慶應大学に合格できる可能性がある

（私なんかには、慶應大学は無理だ）と思っている方はいないでしょうか。それは先入観です。私は『慶應小論文合格バイブル』『慶應大学絶対合格法』『小論文の教科書』の著者であり、慶應大学合格請負人として仕事をしています。その経験から言いますと、どんな人でも本書を活用して勉強を進めていけば、慶應義塾大学に合格する可能性はあります。もちろん、他の難関私大も同様に合格者がいます。

慶應大学には、地歴でもほぼ千六百年以降しか出題されない学部もあれば、小論文の配点が半分の学部もあります。このような学部を戦略的に狙っていくことで、マーチを受験するのがやっとの場合であっても合格を狙うことは十分に可能です。

小論文ができたので、上智大学に滑り込んだ事例や、小論文ができたので、慶應大学に進学できた事例はたくさんあります。推薦入試やAOも駆使すれば、受験までに時間が無い人であっても、十分に難関校の合格を現実的なものにすることができます。

【ポイント】

小論文を鍛えておけば、1か月に3〜5時間の小論文の勉強を加えるだけで、慶應義塾大学、上智大学、慶應義塾大学法学部等にも、あなたが合格できる可能性が出てきます。今の英語や数学や地歴の成績は関係ありません。

小論文を鍛えれば、現代文と英語の点数が上がる

私は小論文試験が難しいことで有名な慶應大学SFCに両方合格しました。また大学院では、論文を書くことで成績が決定づけられる環境で、東大卒、東大医学部卒、東大大学院卒、京都大学卒、上位国立大学卒、公認会計士、医師が在籍するクラスで、成績優秀者に選ばれ、奨学金ももらったことがあります。小論文指導では、多くの実績があります。

この経験から言いますと、小論文ができれば現代文（記述を含む）と英語の点数が上がります。その理由は、論理的に考えることを訓練できるからです。英語も現代文も論理的に文章を読む力が無い人は点数が低くなりがちです。

小論文は独立した科目だと思われることがありますが、違います。小論文は独立した科目でもありますが、現代文そのもののような説明問題が出ることもあります。現代文ができれば小論文ができることはありませんが、小論文ができれば現代文もできるようになります。大は小を兼ねるからです。小論文で試されるのは読解、思考、分析・論述（記述を含む）です。現代文は読解・記述のみが試されます。

推薦対策×一般入試で慶應・早稲田・上智等最難関に合格できる確率はグングン高まる

一般的にはあまり活用されることがありませんが、推薦入試で慶應義塾大学や早稲田大学に合格できることも珍しくありません。推薦入試では、小論文の配点が高く、学科試験がまったくできずとも、小論文と面接だけで合格できる学部や入試の枠が存在します。

今まで全く勉強してきたことが無い人ですら、慶應大学や早稲田や上智に合格できる可能性があるのです。なぜこんなことが行われているのでしょうか。その理由は、テストでは人の優秀さは計測しきれないからです。海外の世界ランキングトップスクールである、ハーバード、オックスフォード、スタンフォード、ケンブリッジ等では、文章を書かせることや、面接をすることでその人物の底力を見るのが一般的です。学科試験では人の考える力を見ることはやりにくいのですが、小論文試験や面接ではその人の地頭力や考える力を見ることができます。

確率計算をすればすぐに分かりますが受験回数が多ければそれだけ合格しやすくなります。一流校をAOや推薦の枠で受験しない手はありません。あなたも合格のチャンスがあるということです。あなたが慶應生だったら、早大生だったら……と考えてみましょう。その未来を実現するのが本書です。

本書の読者に『難関私大合格法』の動画を無料プレゼント！

本書では、早慶受験対策の要について、徹底的に情報提供を行います。受験の実態と攻略のカギをぜひゲットしてください。動画の内容は以下の通りです。

第一回　難関私立大学対策と早慶対策の条件とは？

・記憶量で合格の8割は決まっている現実　要は記憶。あとは不要。
・記憶ゲームであるために、塾に行かない方が（文系は）点が上がりやすい。
・世界のグルと言われた大前氏に教えてもらった単なる分析屋の無価値さ。
・早慶合格を含む、難関私大対策の教科書としての条件。
◆条件1　方法論の再現性（比率、伸び率が重要）　例英語日本一に二回、全国TOPの成績
◆条件2　実績
◆条件3　外部要因、内部要因、背景要因の外部だけに依存していないこと（内部を無視しない）
◆条件4　学術的な裏付けのある確かな理論
◆条件5　原理から考察されていること
◆条件6　要が分かること　略することができていること（戦略とは略すること）
・一流は精神状態を整理する。二流は小手先のテクニックに頼る。

第二回　受験業界の迷信と典型的な失敗例

・なぜ中高一貫校の学生が東大に合格するのかを考えよう。
・暗記ゲームの勝ち方を一般の受験生は知らないだけ。
・科目数と難易度が比例しないのは司法試験合格率を見れば一目瞭然　約700校のトップに東大・慶應。
・偏差値だけで受験の難易度を考えるとなぜ危ないのか？
・出題傾向の網羅で表面的なことばかりをおさえて分析できたと思うと大間違いな理由。
・受験は性格で決まっている研究結果がある　精神論がダメなのではなく学術的に重要。
・予備校での力のつき方は原理的に考えるとどうなるか。
・受験校の分析は大学側のスクリーニング基準から逆算しなければならない。
・不合格になる受験生の質問ナンバー1　『どの参考書がいいですか？』と聞くと落ちる理由。
・出題テーマに奔走するのは間違い⇩そこで点は決まっておらず、スキルで点が決まっている。
・〇〇すれば大丈夫ですか？　と質問する受験生が落ちる理由はライバルの存在を意識していないこと。
・小論文は何が出ますか？　と質問すると落ちる⇩何が出るかはほぼ関係ない。
・記憶しなければ合格できないと分かっていても、ゆっくり考えてしまう理由。
・特殊な例と一般解を見わける。すごい人の勉強法で不合格者が量産される不幸の連鎖の仕組み。

第三回　受験は結局記憶量ゲームになっている（ので他の戦略は無意味・無価値）

・そもそも戦略とは何か？（要は記憶というオチをどこまでリアルに感じられるか）

・慶應は記憶量（地歴、英語、数学）＋小論文の各種スキルで合否が決まる。ここの記憶作りが要。

・なぜ慶應法学部に45分も時間をあまらせて合格できるのか？

・重要なのは記憶の量だけではなく、記憶の質。

・その記憶量では少なくて合格できない‼

・何かにターゲットしている場合ではない。

・記憶へ集中投資せよ。

・どんなにいい問題集をやっていても、記憶量20冊 VS 5冊なら、やられる。

・忘れることへの対処方法指南書はありますか？

・覚えた人が合格し、覚えていない人が不合格になっている、ただそれだけ。

・塾に行く学生が増えて、日本の学力は落ちている。

・大丈夫かなぁと思って……と考えてはいけない。

・重要なのは、合格に必要な量であってどの問題集がいいかではない（全部重要）。

・基本から積み上げるという発想を捨てる。

・早く対策をしたものが勝つ。

・『いきなり長文を読む』が正解。

・単語↓熟語↓構文↓文法↓長文↓過去問……が英語嫌いを作る。

・本づくりにおいて予備校以上に力がある出版社はある。大手予備校のテキストで早慶60点の現実を知ることが大切。

第四回　戦略がある勉強法と単にあれもこれもやる勉強法の決定的な違い

・英語、地歴、数学、古文、漢文と全部やって全学部不合格になるのは愚か。
・一点に集めればそれだけ合格しやすくなる虫眼鏡理論。
・古文があるから大変なんだよね……と言っていた受験生がわずか5％の配点だと知った時……。
・現代文が大変なので、小論文は……と考えていたら、実質小論文は現代文の要素がある。
・センターで失敗したので、慶應を……と考えるのがそもそもの間違い。
・対策は足し算で考えてはいけない。何がいらないのか？　と考えよ。
・絞り込みが必要な理由は二つ（1）時間が限られている（2）ライバルが強い。
・絞り込めばいいわけではない　SFCは不得意なら10年かかっても合格できない可能性あり。
・困難性を特定しなければ、あれもこれも大切だと錯覚してしまう。
・慶應と早稲田受験における困難性とは何か？
・発音記号、漢字、スペル、多義語、全部やる？
・学習の波及効果を考えて、勉強の順序を考える必要がある　細目は後からやる。
・フォーカスすればいいわけではなく、シナジー（併願）×フォーカスが最強。
・確率計算以上に実態に即した推測方法は無い。

第五回　小論文の得意、不得意のバランスを把握しなければ早慶併願戦略のスタートに立てない理由

・推薦入試で小論文を使うことで受験の幅が広がる。
・配点比率の把握と配点比率と自分の実力の査定が戦略策定の第一歩目。
・小論文で逆転される現実をどこまでリアルに感じ取れるか。
・小論文の勉強セットをそろえよう。『慶應小論文合格バイブル』、『小論文技術習得講義』、『小論文の教科書』
・小論文であなたは何点取れるか把握しているか？
・模試の成績は必ずしもあてにならない理由↓不合格者が採点している。
・小論文のあなたの点数は分かる。
・努力して、小論文で何点取ることができるかで、志望学部との距離を測ることができる。
・残り学習可能（記憶形成可能）時間と小論文の点数と、今の記憶量が、３大判断基準。
・小論文のセンスと素質は明確に存在する。
・小論文のセンスが無くても慶應法学部に合格したい人が取るべき戦略軸。
・多くの人は学部の雰囲気と大学の雰囲気と勝負すると勘違いしている⇩大学との勝負ではなく点。
・最初の６か月で小論文の可能性を見出し、残りの６か月で絞り込みを行えばもっとも合理的に対策できる。
・ＳＦＣの小論文はかなり特殊（小論文とひとくくりにすべきではない）。

第六回　記憶の原理（テクニックは非力、原理によることの重要性）と学部別の特性

・東大英語があると思いますか？（東大英語と慶應英語のウソ）
・〇〇があるので、〇〇するといいと思う……と考えると失敗する理由。
・記憶形成の原理。
・早慶全学部共通するのは読解力。
・記憶量＋解答を選ぶ力で合格が決まっている。
・理解のしすぎで受験対策が手薄にならないようにしよう。
・理解↓記憶で、スムーズに良質な記憶を作ることができる。
・記憶は回数で決まる。
・学習密度をどこまで引き上げることができるか。
・学習速度をどこまで引き上げることができるか。
・学習実行率をどこまで引き上げることができるか。
・実行率×学習密度（学習速度）＝記憶量の法則。合格するには記憶量を引き上げるしかない。
・判断を間違えれば全部が狂ってくる。
・原理と理論を間違えるとあなたの人生が狂う。理解できない人は必ず理解するように努める。

第七回　学部別の勉強は一見有効で無駄が多い【急所＋αのススメ】

・《実力養成時期》↓急所の攻略。《適応力養成時期》↓学部別の対策と考える。

・学部別対策よりも、過去問での自分の点数からの分析＋対策が事実ベースの思考・分析。
・例外は、時間が無さすぎてトンガリを作ることができないケース。
・事実に基づかない勘や、なんとなく正しそうな雰囲気にあなたは人生をあずけるか？

第八回　モチベーションコントロールの基本理解
・合格はモチベーションで決まっていて、やり方だけでは決まっていない。
・やる気はある程度科学的にコントロールできる。
・目標は紙に書いて何度も唱えると叶うと言われる理由はやる気にあり。
・何度も唱える理由は、回数に比例してやる気が出る仕組みが脳にはあるため。
・深層意識には否定的な考えがいっぱいある。

第九回　難関私大の合格確率を高める方法
・併願することで数学的に合格率は高まる。
・推薦入試では、小論文試験が課されるのが一般的。
・普段の勉強に小論文を加えれば、併願できるので、合格率が高まる。
・小論文対策には時間をかけない。
・小論文対策を行えば、現代文対策になる。

第十回　法政大学合格者インタビュー（レジュメ非公開）
第十一回　慶應大学合格者インタビュー（レジュメ非公開）
第十二回　授業は取るべきかどうか（レジュメ非公開）
第十三回　合格する計画の立て方とは？（レジュメ非公開）
第十四回　推薦入試を受けるべきか？（レジュメ非公開）
第十五回　直前からではまずい難関私大受験生用の推薦入試Wアタックストラテジー用の小論文の勉強法（レジュメ非公開）
第十六回　牛山がオススメする進学先とは？（レジュメ非公開）

以上が音声と動画の目次です。ご希望の方は本書の巻末からメルマガにご登録ください。

第一章
よくある間違いだらけの対策

Chapter 1

他の人が常識に
とらわれているからこそ、
あなたが合格できる

間違いだらけの常識1　予備校が助けてくれる

予備校・塾は良いサービスです。大変素晴らしいサービスはたくさんあります。私も好きな先生はいますし、良質なサービスを否定はしません。問題は、予備校に行きさえすれば問題が解決するのではないか？　と思っていることにあります。

予備校に行っても授業を受けることができて理解ができるだけです。受験は結局、覚えた量で決まるので、いくら授業を受けても覚えていなければ点は低くなります。さらに問題なのは、授業を受けないときちんと記憶できないのではないか？　と錯覚していることです。授業を受けなくても、記憶することはできます。要領がいい人は、塾や予備校を使わないからこそ、他の人の何倍も記憶時間を確保することができて、その結果東京大学に合格するなど、効率の良い勉強をすることで結果を得ています。

予備校は悪いサービスではありません。使いすぎることで不合格の可能性がどんどん上がっていくということを十分意識しておくことが大切です。

間違いだらけの常識2　理解が大切なのでまず授業

理解が大切なのでまず授業を受けるという人は真っ先に不合格になります。その理由は時間が無くなるからです。理解は大切です。しかし、理解しすぎていても点数は取れません。100理解している人も、10理解している人も、正解が③の選択肢は、③を選べば、同じ点数です。3点の配点のために、100時間かけても、10分かけても、同じ3点なのです。

英語も数学も、自分で独学ができるのであれば、自分で進める方が、点が上がります。授業はどうしても独学ではつらい場合にのみ利用するものです。独学では困難が伴う場合にのみ利用すべきものです。ところが近年、学習参考書のレベルはどんどん上がってきており、スッと読むだけで理解できるように作られているものが多いので、授業を受ける意味はどんどんなくなりつつあります。授業を受けるとすれば、物理や数学や化学のように、独学では困難が伴うものに限定しましょう。

間違いだらけの常識3　特別な対策が必要

明治大学なら、明治大学、早稲田大学なら早稲田大学、慶應大学なら慶應大学と、特別な対策が必要だと思っている人は多いです。私は特別な対策がまったく無価値で無意味であるとは言いません。ところが、ここを気にしすぎてもあまり合格しません。

なぜでしょうか？　これは本書の基本コンセプトになりますが、急所を外しているからです。英語ができる人は早稲田の英語も明治の英語も、青学の英語も京都大学の英語も、慶應の英語も問題なくできるのです。『○○大学の○○学部は特殊な会話問題が出るので、これこそが大切だ！』と息巻いた末に不合格になった受験生をしり目に圧倒的に高得点で合格してしまいます。なぜ特殊なことをやった受験生が不合格となり、特殊なことをやらなかった受験生が合格するのか？　その理由の一つは比率にあります。特殊性は比率が低ければ点数に響く可能性も低く、結局、点数は変わらないということです。もう一つの理由は、基本問題と応用問題をこなすことで難関大学であっても合格できるからです。

間違いだらけの常識4　過去問題をやれば合格できる

これも受験業界にはびこる迷信です。私は同じく過去問題をやることを否定しません。とても大切なことです。しかし、過去問題をやれば合格できるわけではありません。過去問題をやって合格できるのは低レベルの資格試験である、運転免許などのレベルの試験です。大学受験では、出題範囲が広いので、過去5年分程度の問題をやったくらいでは、まったく出題範囲を網羅できないのです。合格点をとるために必要な知識量を網羅することができないので、何度も繰り返しいろいろな過去問題に手を出している受験生はいつまでも点数が上がりません。

なぜでしょうか。受験は記憶の量で決まっているのに、記憶量が増えていかないからです。出題されたものを覚えても、量が少ないので、記憶の絶対量が少ないばかりか、何十年に一度出題されるような熟語まで覚えなければならないという大変非効率的な勉強をしてしまうようになります。ここを勘違いしている人は、慶應の英語、東大の英語、上智の英語などと言ってしまいますが、その大学に出た瞬間に英文がそのように呼ばれているだけであって、大学別の英語など、この世には本来存在しません。

過去問題は『対策の方向性リサーチ』と『シミュレーション』に使います。

間違いだらけの常識5　有名参考書・問題集をやれば合格

有名参考書の中には、大変質が高いものもたくさんあります。私もオススメしているものもあります。しかし、有名参考書をやっても合格できないことは珍しくありません。その理由はいくつかあります。第一に使い方がまずいので、結局頭に残らないという失敗があります。第二に、有名であってもまったく質が高くないものがあるからという理由があります。第三に、どの有名問題集も、結局は掲載している問題は同じなので、そこではまったくといってほど勝負がついていないからという理由です。まとめます。

① 頭に残らないと合格できない。
② 質が高くないのに有名なものはたくさんある（センター対策には有効でも私立は無駄など）。
③ 問題が同じで、選ぶことに意味が無い。

間違いだらけの常識6

科目数が少ないと簡単だ

受験科目が少ないと簡単だと感じてしまう気持ちは良く分かります。たくさんの科目を勉強するのは勉強から逃げなかった人だけが行うことであり、勇気も必要で、知力も必要だからです。しかし、それと難易度を同じに考えてはいけません。

スポーツに例えましょう。マラソンで世界一になるのと、トライアスロン（水泳＋長距離走＋自転車の耐久競技）で世界一になるのであれば、マラソンで金メダルの方が簡単でしょうか？

受験でも同じく、慶應大学経済学部、慶應大学法学部、慶應大学文学部、一橋大学に合格したのに、慶應大学ＳＦＣにダブルで不合格になった事例があります。なぜこのような事態になってしまったのでしょうか。その理由は、小論文の力が足りなかったからです。これは慶應ＳＦＣが一橋大学よりも難しいということではありません。マーチに不合格でも慶應のＳＦＣには合格することがあります。このような勘違いは、上か下かという一元的な解釈が先入観になっています。本来難易度というのは、多面的です。

科目数が少ない場合は、その科目が得意な人にとっては難易度は低く、不得意な人にとっては強烈に難易度が高くなるということです。

間違いだらけの常識7　ＡＯと推薦は特別な対策が必要

特別な対策が必要だと考えるのは、先入観です。現実には特別な対策をせずとも、ＡＯや推薦入試で合格します。なぜでしょうか？　理由を考えてみればすぐにわかります。特別な対策が必要だと考えていた理由を考えてみることです。特殊だからという理由が頭に浮かんだ人は、その特殊性が全体の何パーセントの配点比率なのかを考えてみましょう。

現実には書類と小論文、面接で点数は決まります。重要なことは、これらの小論文や面接、グループディスカッションの際に求められる能力です。グループディスカッションは特別なので……と考え始めるとまた同じくドツボにはまっていきます。そうではなく、何を求められているかを考えてください。そうすれば、議論をする力、論理的思考力、ヒューマンスキル、人格、発想力、表現力、内容力、構成力などが必要だということに気づくでしょう。私が東大卒や京大卒がたくさんいる大学院で成績優秀者になれたのは、ＭＢＡの特別性に対処したからではなく、単に論理的に考えることが得意だったからです。ＭＢＡ専用が何かを考えていれば実態を見失っていたでしょう。

間違いだらけの常識8　たくさん受けても無駄

たくさん受験しても無駄なのは、力がない時です。実力を十分につけた場合は、併願すればするほど、不合格になりにくくなります。これは確率計算をすれば簡単に計測できます。

【興味が無い人はここは読み飛ばしましょう】

例）合格55％の人が三つの大学すべてに合格率55％であった場合、すべてに不合格になる確率は0.45×0.45×0.45＝0.091　したがって9・1％です。どれかに合格する確率は、すべてに不合格になる確率を全体から引いた確率です。合格率55％で三つの大学のどれかに合格する確率は、0・909となり、9割がた合格することになります。

併願による合格率を計算する時には、すべての施策（ここでは受験）が成立（合格）しない確率を計算することになります。受験校すべてに不合格になる確率を全体から引けば、どこかに合格する確率を算出することができます。原則としてある程度の力があるのであれば、このように受験すればするほど、合格する確率は高まっていきます。

定性的に（勘や憶測で）、たくさん受験しても無駄と考える前に、数学的に絶対的な真実としての確率を計算してみましょう。

もちろん、力をつけずにやみくもに受験しても良い結果は得られません。

間違いだらけの常識9　小論文は勉強してもダメ

小論文は勉強しても点数が上がらないという言説があります。本当でしょうか。

小論文は勉強すれば簡単に点数が上がっていきます。私の教え子は全国模試で、日本でトップの成績になる人が珍しくありません。日本全国で10位以内にまで成績が上昇して、その後、慶應大学に進学するというケースが多いです。私は慶應大学進学専門の塾である、慶應クラスという塾を主宰しています。このように、小論文の点数が引きあがることはまったく珍しいことではありません。

小論文の点数が引きあがる理由は、小論文の配点にあります。小論文の配点は多くの場合、構成力、表現力、内容力、発想力等で評価されます。あなたが引き上げることが難しいと感じているのは、表現力かもしれません。この表現力はなかなか短期間では上がりません。しかし、その他の構成力や内容力は短期間で大きく引きあげることができます。その理由は、論理的思考力が結局は点数になっているからです。構成とは論理的構成であり、内容とは経験的妥当性、論理的整合性です。したがって論理的な文章を書く力が引きあがれば小論文の点数は引きあがっていくのです。

間違いだらけの常識10 先輩や数を参考にする

合格数や合格率は統計的にはあまり意味がありません。しかし、多くの人は成功者の共通点を参考にしようとします。これは合格者は毎日白米を食べていたので、白米を食べれば合格するという考えに似ています。問題は不合格になった人も白米を食べていたということです。統計学では、検定作業と呼ばれる作業を行い、母集団の性質や属性、全体像から、確率や数字に意味づけを与えていきます。しかし、統計という数学の手法が欠落してしまうと、共通点が何かと言うことばかりに気を取られたり、合格率75％と聞くと、すごい！と感じてしまうのです。分子と分母だけを比べてしまうのは、中学生の数学の発想です。計算前の前提と数字の意味が重要なのです。

【チェックポイント】

・母集団の構成要素（いつから記憶作業をはじめたか、浪人か現役かなど）

・分子の計測基準（何に合格したことを分子としているのか、複数合格を1として扱っているか、どこでもいいので合格したら合格としているかなど）

・確かな裏付けがあるかどうか（証拠がないものもたくさんこの世にはあります）。

コラム　合格率をどう考えるべきか？

※細かい話が嫌いな人は読み飛ばそう！

『確率というものの意味は、単なる数字からだけでは考えることができない』と私が述べたところ、私の塾の生徒から具体的に教えてほしいと質問がありましたので、ある程度、本書で詳しくお話しておきます。

例えばある塾の合格率が7割だという意見があったとします。この合格率はすごいのでしょうか？　例えば東大に7割に合格率！　ということですと、すごいと感じるかもしれません。

結論から言いますと、確率だけではすごいかどうかは分かりません。世界中の大学で行われている研究は、確率が○％ですということを結果として論文が書かれているわけではなく、ここまでに述べた通り、検定作業が行われます。検定作業とは、調べる対象をいくつかのグループに分けて、そのグループ間の合格数や合格点を、統計学的手法（多くの手法があります）で解析して計算することによって、そこで得られた各グループの点数や合格数などの数値が他のグループとの比較の中でどのような差があるのか？（別の言い方をすれば、どの程度の確率でそのような数値が出ることは、起こり得るのか？　単なるラッキーなのかそれとも、極めて特殊な事例とみなしてもいいのか）ということを調べる作業のことだと思ってもらってもいいです（誤解を恐れずにかなり平易な言い方をしたとご理解ください）。最終的には有意差と呼ばれる数値を計測するのが一般的です。

合格率が7割であるということの意味と価値は、他の受験グループの合格率や、前提条件によって変わってくるということです。前提条件とは、研究が行われる際のその実験の『手続き』と呼ばれる研究手法のことです。『手続き』とは、研究をどのように進めるのか？　というリサーチデザインと呼ばれる部分に該当します。その研究が、研究実施時に設定した問い（研究対象のグループの成績が著しく上昇したと言えるかどうかであったとしましょう）の答えを導くのに適切な形で設計されたかどうかということが、極めて重要です。

問題は、その前提条件が無数に存在しうるということです。本書でご紹介するように、推薦入試の枠を使った場合や、学習方法を変更した場合、対象となる研究対象の学生の資質、それまでの学習進捗状況、モチベーション、学習に対する判断能力、受験した学部の適性、出願戦略、用いた学習ツール……等々、きりがありません（数十あるいは、数百の指標があるでしょう）。もう少し別の言い方をすれば、ある塾の指導内容がいいかどうかを調べる実験というのは、研究として最初から破たんしていると言えるかもしれません。問いが漠然としすぎており、適切に研究を進めることができない可能性が大だということです。最終的に出た数字（確率、合格数、受験時の点数など）に安易に意味づけを与えることは前提条件がありすぎるので危険です。ゆえに、受験の考察は総合的に問題を解決するためのアプローチから行わざるを得ないのです。本書はその問題解決アプローチによる提言です。

第二章
対策の概略

Chapter 2

間違った対策では
合格できない

点数が決まる仕組みと重要ポイント（急所の図）

左の図を見てください。あなたが受験して点数が決まる仕組みを図式化しています。おおざっぱなものですが、受験対策を考える際には役立ちます。

あなたの点数は記憶量（質）と解答力で決まります。解答力というのは、聞きなれないと思いますので、本書のサービスである動画で詳しくお話しますが、選択肢を選ぶ力や、記述、論述する力のことです。

試験で点数が決まる構造

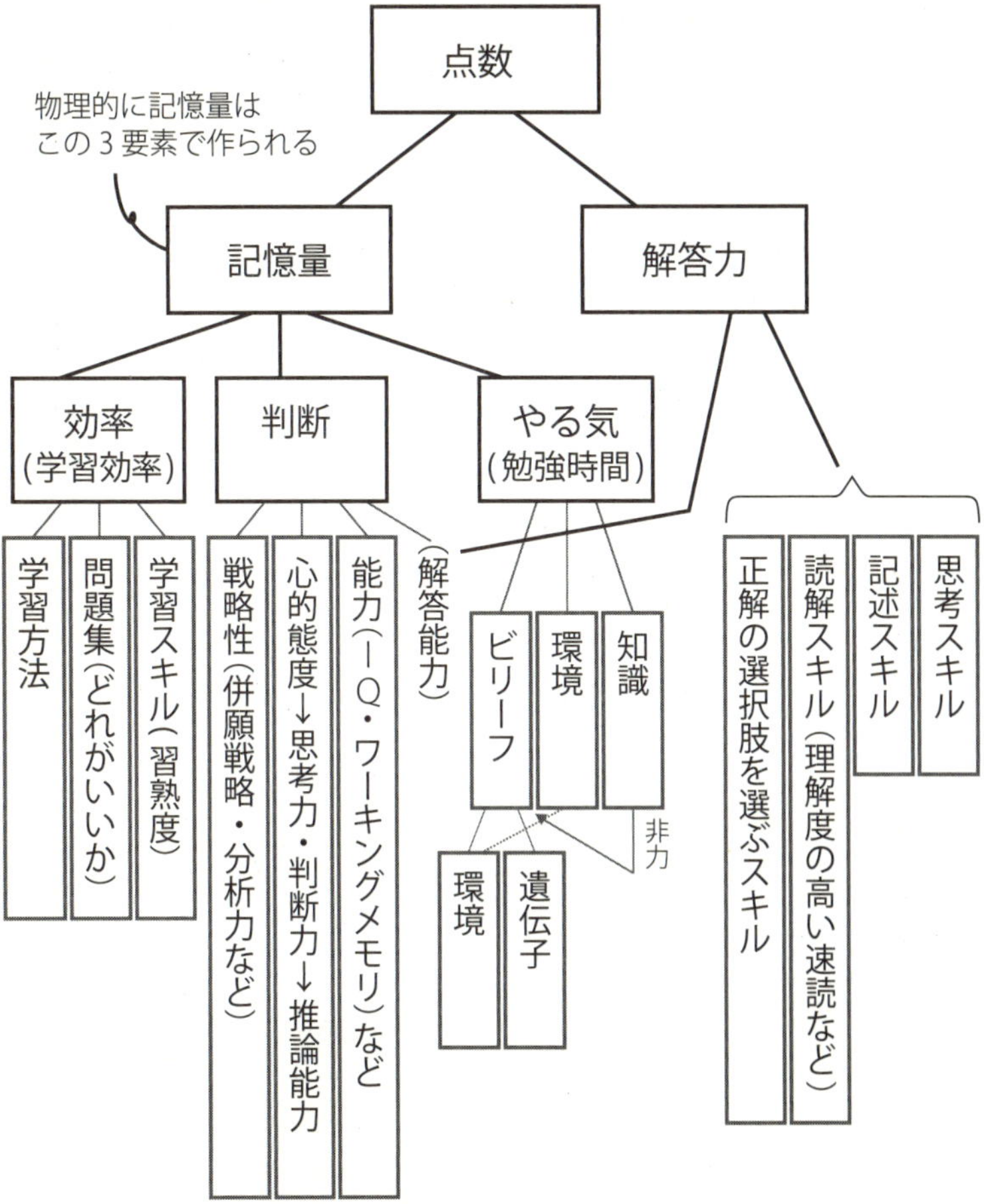

※スキルとは技術のことです

各学部は特殊なので特殊な特別な対策が必要だ……は本当か？

結論から言いましょう。各学部は特殊な試験となっています。しかし、だからといって特殊な対策を個別にやっていくことで合格できるわけではありません。特殊であるというところまでは事実ですが、そこから先に論理に飛躍があるのです。特殊であることが結果に直結する大きなポイントにはなっていないからです。

特殊性があるので……というのは受験産業の論理です。現実には力があればどのテストでも点数が取れます。

例えばあなたが、どこの出身かは分かりませんが、日本の田舎に行って、話をしたとします。各地方では特殊な話し方なので、対応できないということがあるでしょうか。

ありません。

ホテルに泊まるのも、現地の人と話をするのも何も困りはしないのです。もちろん、例外的になまりがひどい地域では、コミュニケーションが難しくなることはあるかもしれませんが、分からない部分についての質問をしていけば、コミュニケーションをとることができます（例）ぼっけえとは何のことですか？）。なぜ特殊なのに、特殊な話し方をする特殊な人とのコミュニケーションにおいてほぼ困ることがないのでしょうか？

それは、特殊かもしれないけれども、決定的に結果に影響を与える部分は、その特殊性ではないからです。比率の問題です。結果に影響を与えるのは、日本語を操る能力です。その記憶量です。

この逆に、もしもあなたが小学生1年生だったとしましょう。日本経済新聞の経済面を見て、理解ができるでしょうか？

おそらく何も理解できないでしょう。

その理由は、記憶量と条件反射にあります。理解できるかどうかのポイントはボキャブラリーなどの基本的な言語の語彙力であったり、日本語を理解する上でのパターン認知の数だからです。小学生は日本語をスムーズに読むだけの条件反射能力も形成されていません。

特殊性に対応することが大事だというのは、小学生1年生の子供に、日経新聞の特殊性である経済の学術的なハイレベルな専門書を10回読んでくるように指導するようなものです。特殊なので特殊なことをすることが大事なわけではありません。その前に中核的なスキルギャップを埋めることが大事なのです。

ここにご紹介した例では、小学生が、日経新聞を読むことができるようにする場合、①語彙に関する記憶 ②言語の条件反射能力 ③見識（知見）の強化（基本的な部分についての理解）をさせれば、ギクシャクでも一定の程度で読むことができるようになります（かなりの時間はかかるでしょう。しかし海外では似た事例はたくさんあります。現実には不可能ではないということです）。

受験を科目数や特殊性という表面上のことがらだけで分析してはいけません。それは本当に上っ面だけしか見ていないものの見方です。科目数が多いところから科目数が少ないところへ流せば、これがすなわち素晴らしい併願方法だという考えは、だれでも考えつくことですが、その戦略で受験すると不合格になりやすくなります。

●必要な実力の上から下に流す発想を大切に

理由は難易度の高さです。当然科目数を絞っている分、難しくなっているので、その難しさに対応できなくなりやすいのです。慶應法学部で9割の得点の子が2013年の総合政策学部の問題では、約6割ぐらいの点数になっていることが多かったというデータがあります。現実には、科目数で考えるのではなく、実力の上、中、下で考えて実力が高いところから低いところへと流すように考えなければなりません。小論文試験も同様です。二つ目の理由は母集団のレベルの高さです。早稲田、慶應は母集団のレベルが高いので、中途半端な実力で挑むと突破できずにライバルが合格します。この科目は勉強しているので、なんとかなるかもしれない……と雑に考えることを止める必要があります。

もう少し別の角度から補足します。特殊性というのは、必要条件ですらないことが多いです。必要十分条件ではないのです。合格のための必要十分条件に近いのは、記憶です。記憶があれば合格します。特殊な対策など何もしていなくてもバンバン合格します。慶應のために対策をしていた人は、マーチのある大学で大失敗して、現代文で20点しか取れなくても、マーチの法学部に合格することもあります。大失敗してもレベルが高いので、他の科目で点数を取り合格してしまいます。特殊性よりも結果に影響力が大きいのは記憶です。したがっていかにしてここを攻略するかを考えなければなりません。

◉特殊性は最後に調整する

そして、合格をより確実にするために、最後に特殊性に対処できるようにがんばることが大事です。例えば英作文・歴史の資料問題・歴史の論述問題などは、これに該当します。

英語ができるやつは英語の試験はたいていなんでもいける。本当のトップダウンは実力からのトップダウン

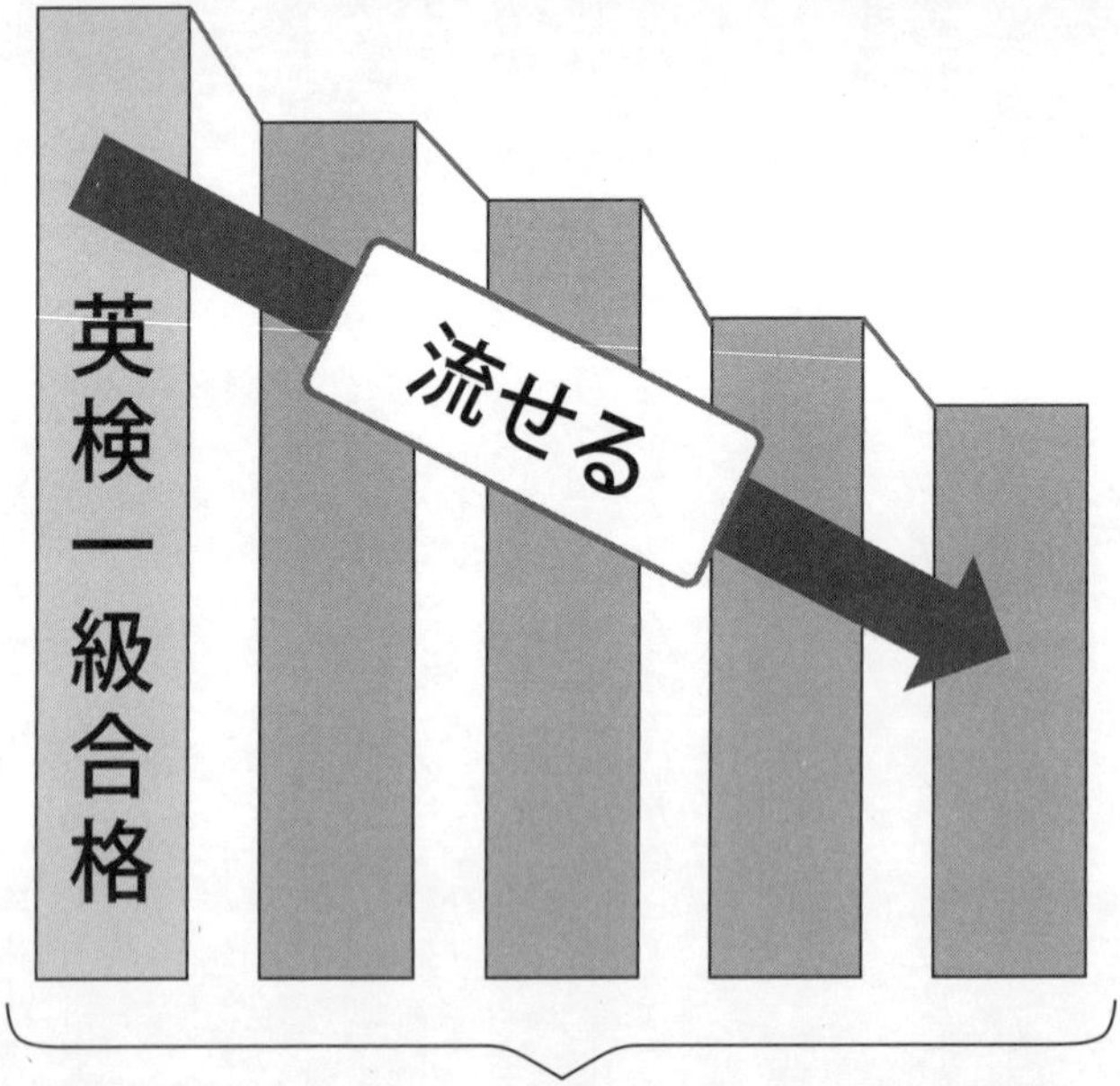

TOEICや東大や慶應や、慶大の各学部でどんな英語のテストでも、基本的に楽勝モードになる

特殊性では対応できない

次に対応できるかどうかという観点から、受験の世界で二言目には言われるもっともらしい言説である、特殊性論について理解を深めましょう。なぜ特殊性に対応することが無意味になってしまうことが多いのでしょうか。次のページを見てください。目の前に7人の女の子がいたとします。この7人の女性を狙っている男子がいたと仮定しましょう。

『いいかい？　7人のレディーはみんな個性的だぜ。だから7変化すれば、みんな落とせるのさ』

こんな風に言ったらどうでしょうか。実際には、7変化しなくても、いわゆるイケメンと言われる男子で、性格がいい男の子だったら7人ともその男の子に恋心を抱きやすいでしょう。当然です。ルックスがいい男子はモテる。これは、原理原則です。仕方がないことです。このような数千年もの太古から変わらない原理原則は受験にも当てはまります。6つの文系の学部があったとして、この6つの学部に、実力がある人は合格できるということです。実力があれば合格できるのは原理です。もう少しわかりやすく言えば、特殊性よりも、原理的に作用する部分の方が影響力が圧倒的に大きいということです。この影響力が大きい部分を、私は受験の急所だと言っているのです。

それでは、早稲田、慶應受験において、受験の急所とはいったい何でしょうか？　本書では何度もさまざまな角度からお伝えしますが、それは「記憶の量と質」です。

受験業界によくある大ウソ

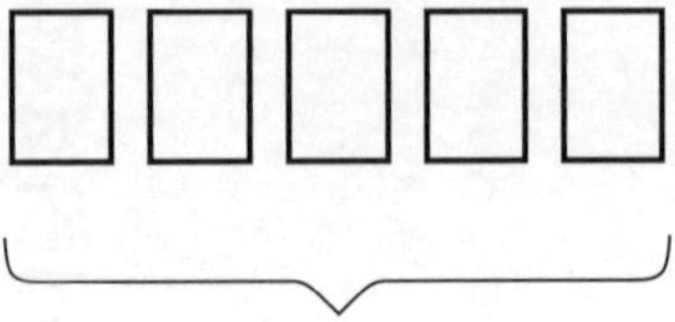

慶應と早稲田の学部は
全部傾向が違う

↓

× だから全く別の対策が
必要だ

もっともらしいが、
現実には英語ができれば
わずかな対策でバッチリ
点は取れてしまう。

七人の女の子はみんな違う。
だから七変化すれば
バッチリ落とせるのさ。

イケメン

実際にはイケメンなら
だいたいどの女の子も
デートに誘えてしまう

原理

実力があれば、（たくさん覚えて
記憶の質が良ければ）点は取れる

原理

ルックスがいい男はモテやすい
性格がいい男もモテやすい

受験における急所とは記憶（慶應に関しては小論文）

受験の急所は記憶の量と質です。記憶量だと思ってもらってもいいです。多くの受験生は、どの予備校に行けば合格できるのか？　とか、どの塾が成績が上がるのか？　とか、どの参考書が合格できるのか？　と考えています。

ほとんど関係ありません。

記憶量が増えていれば、それだけ点数が高いことは十分に認識していると思います。ハッキリ言って、『記憶の量と質』以外は、ほとんど受験に影響を与えません。例外は数学の応用問題と小論文、現代文だけです（後ほど述べますが数学も実質記憶で決まります）。慶應受験に関しては記憶量と小論文の力で合否が決まります。急所は記憶なのです。したがって本当はいかにして記憶量を高めるべきか？　と考えなければなりません。

冷静に考えましょう。これが受かる問題集だという文句を大学教授が見たらどう思うでしょうか？　それを使えば合格できるならば、裏口入学のようなものです。私は慶應受験でオススメの参考書や問題集を勧めることはあっても、それを使うから合格できるという理由でオススメはしません。なんでもいいのです。あなたは大手予備校のテキストを完璧に2冊仕上げても、60点ほどしか慶應の受験で得点できないという事実をご存知でしたか？　何を使うかが問題ではないのです。最大手予備校ですらテキストは不十分です。いったいどうして合格できる問題集が分かるでしょうか。分かるはずがありませんし、勝負はそこではついていません。記憶の量と質と小論文の力、現代文の力で合否は決定されているのです。英語も、古文も歴史も数学の基本問題も記憶です。

簡単にご説明します。

・英語は記憶できていれば読めます。
・整序問題は、記憶できていれば解けます。
・空所補充問題は記憶できていれば解けます。
・英作文は記憶できていれば書けます。
・歴史は記憶できていれば解けます。

ごく例外的に、特殊性が必要な分野もありますが、それらは急所ではなく、全体の比率としては少ないのです。どのように全体の比率として、何が少ないのでしょうか？

特殊性だけにからむ点が少ないのです。

結局記憶量と質の問題

慶應(経)はココしか出ない！
と言われて喜ぶと落ちる

受験生なら誰でも知っている上に
ココでの記憶の質と量で勝負が、
決まっている為。

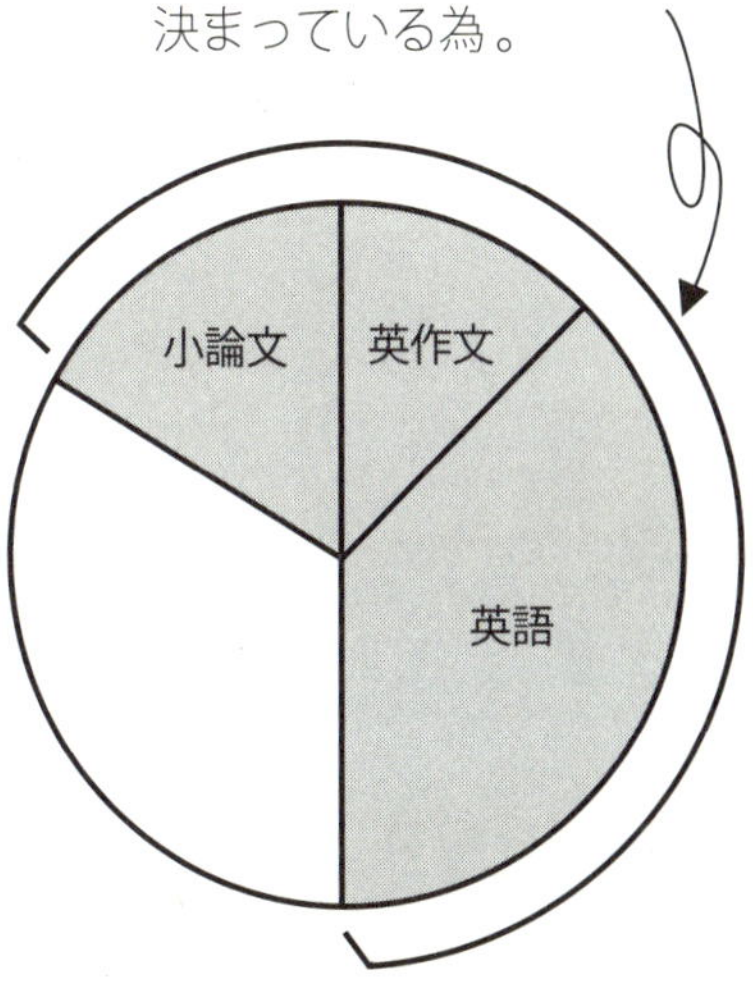

現実には、私が指導する慶應クラスでは、ご紹介したように、英語で二度日本一になったり、慶應大学の英語の問題で、9割の点数を取ったり、SFCにダブル合格したり、慶應法学部に約40分ほど時間を余らせて合格するなどのダントツぶっちぎりの実績があります。

なぜこのような結果が生まれるのでしょうか。その理由は、『慶應大学絶対合格法』(エール出版社)と本書の指導方針は、第二言語の習得理論、学術的な理論、原理的な対処方法、問題解決のアプローチが複合的に含まれているからです。

要するに、英語の試験攻略における急所を私が外していないから、結果が出ているのです。バスケの勝負をする時に、相手のチームが特殊だからそこに対処しようと考える前に実力をつける方がいいのと同じです。あらゆる分野にこの原理は当てはまります。

・バスケの勝負で特殊なチームに特殊な感じで対応しよう。↓現実には強ければ対処できる。

・あの野球チームは特殊な投げ方をするので特殊な投げ方に対応できることが勝利のカギだ↓実際には、単に強ければいい。

特殊性に対応する前に、強くなければ勝てません。このように書くと気づいた方もいるかもしれませんが、特殊性への対応というのは、一定の実力を圧倒的につけた後でなければ意味がありません。したがってプラスアルファで考えることが重要なのです。

慶大合格の急所（重要性の比率イメージ）

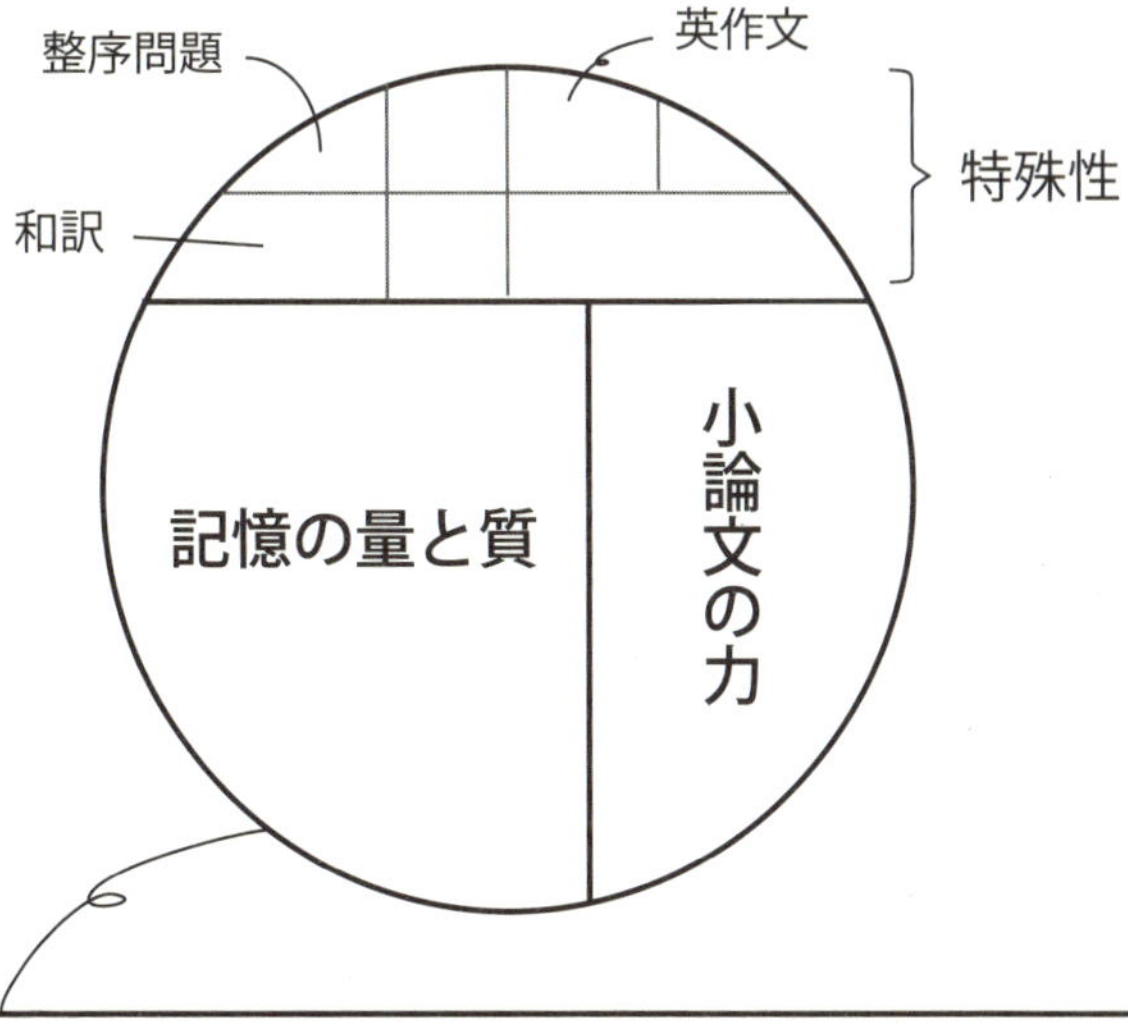

①記憶の量と質、②小論文の力で、
合格の 8〜9 割は決まっている。

早慶対策も含む難関私大対策論の最低基準とは？

もしもあなたが家を買いたいとします。その時に『私の場合、宝くじを買ったら、1等の3億円があたったので、家を買いました。宝くじを買うといいですよ』と言われたとします。このようなアドバイスは、参考にすべきではありません。

アドバイスには、最低基準があります。その最低基準とは、次の6個です。

◆条件1　方法論の再現性（比率、伸び率が重要）についての事実。
◆条件2　合格実績……事実（思う……ではなく、どんな事実があるのか）。
◆条件3　外部要因、内部要因、背景要因の外部だけに依存していないこと。
◆条件4　学術的な裏付けのある確かな理論。
◆条件5　原理から考察されていること。
◆条件6　要（急所）が分かり、略することができていること（戦略とは略すること）。

右の6つの最低条件とは、一言で要約すれば論理性です。事実に基づかないのにいったいどうしてその方法論でいいと言えるのでしょうか。言えるはずがありません。あなたはきっと合格できるかどうか、本書のアプローチでいいかどうかについて不安があるかと思います。そこでまず礼儀としてあいまいにせず、実績をご紹介します。

ここにご紹介する内容は、勘や憶測ではなく、現実のデータであり、ウェブ上でも公開しているものです。受験業界にはデータを公開しない合格実績が多いので、私はここに具体的にご紹介します。

【言語力強化実績】

英語の実績の一部は以下のようなものです。

・英語で二度日本一（梅村君）。
・慶應法学部に約40分を余らせて試験終了、合格（星君）。
・慶應ＳＦＣダブル合格（平井君）。
・英語で法学部9割取得。法学部。総合政策。文学部合格。

※このほかご紹介しきれません。
※急上昇していること、突出していることが共通点です。

【記憶関連の力の強化実績】

暗記の実績の一部は以下の様なものです。

・慶應義塾大学文系全学部合格。
・主席で大阪大学大学院合格。
・まったく勉強していない状態から1年で慶應大学法学部合格。
・公認会計士試験合格（司法試験に並ぶ日本最難関試験）。

・弁理士試験合格（弁護士等の、司法試験とならぶかそれ以上とも言われる試験）。
・薬剤師試験合格。

※文系理系、大学、大学院、国立、私立を問わず合格しています。

大学受験とは比較にならないほど暗記量がある試験もあります。法律系の資格試験です。弁護士になるための司法試験や公認会計士、弁理士（特許の弁護士だと思ってください）などの合格実績があります。私はスキルアップコンサルタントなので大学レベルの受験サポートだけを行っているわけではありません。記憶量を増やす専門家として研究領域にしています。

【小論文の力（考える力・論述力）の強化実績】

小論文指導の実績の一部は以下のようなものです。

・約1万人中全国10位、総合政策学部合格（中村君）。
・模試で全国6位（平井君）。
・北海道大学法科大学院に第二位で合格、授業料免除で進学。
・トリプルE判定からの総合政策学部への逆転合格（渡邊君）。
・E判定からの環境情報学部へ逆転合格（守矢君）。
・進学校ではない高校から慶應法学部に進学（星君）。

※急上昇しているのが共通点です。

これらはすべて動画インタビューと一緒にウェブで公開しています。

本書の特徴は急上昇

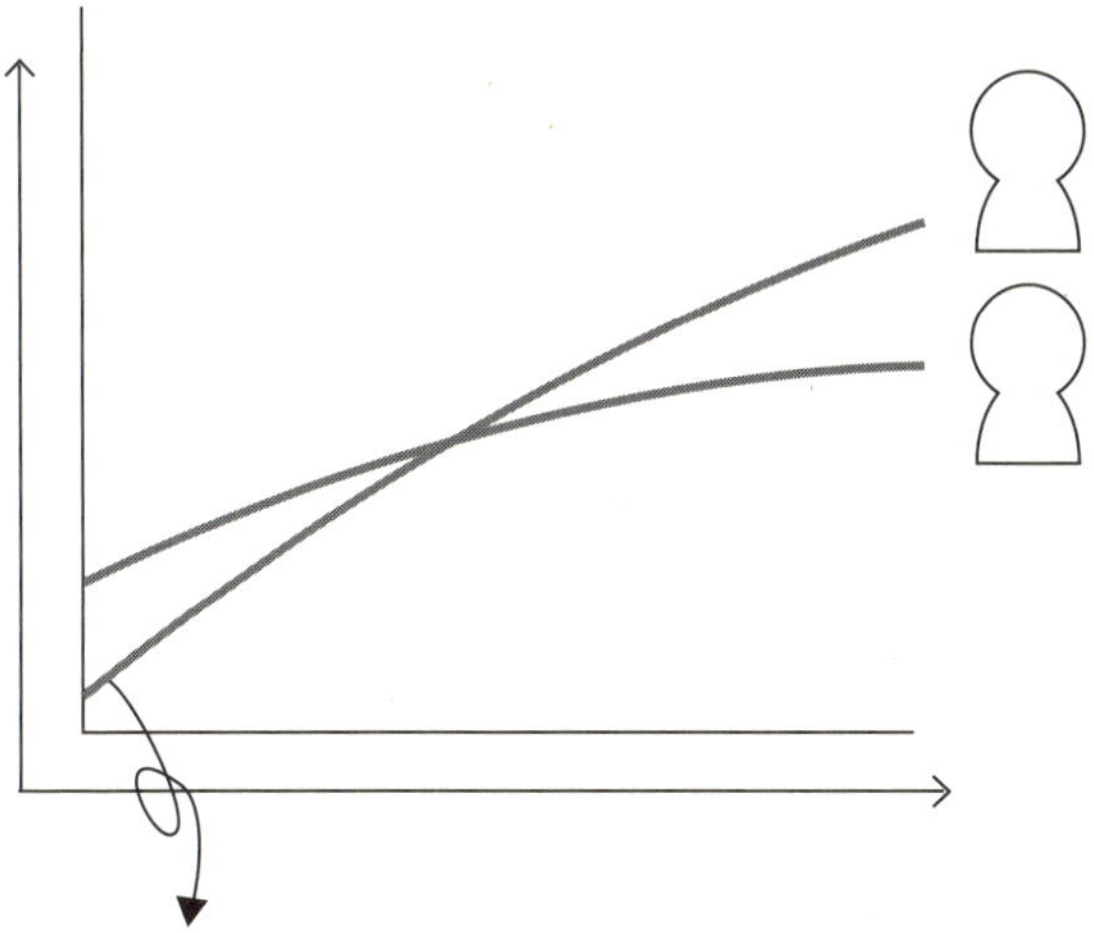

成績が急上昇する理由は、
ムダなことをやらない為

大学を分析するのではなく、自分を分析することで合格する

大学を分析しようと考えてはいけません。単なる情報の羅列は無価値と言いましたが、大学だけを分析したものが意味を持たない理由はここにあります。受験は競争試験ですので、ここまでに述べたように以下の3点の分析が重要です。

・大学の分析
・自分の分析
・ライバルの分析

この三つが大学受験における重要分析フィールドです。自分がやるべき参考書のリストアップで分析が完了したと思わないようにしましょう。なぜならば、そこはまったくと言っていいほど結果に直結しないからです。英単語帳Aを使うか、英単語帳Bを使うかなどを気にしている人がいますが、少なくとも、早稲田や慶應を目指すのであれば、両方とも記憶してください。受験の英単語レベルの、低いレベルの英単語を知らないだけでも、赤面するくらいが難関大学受験生としては理想です。どちらも出ます。心配はいりません。

受験業界のトリック

私がわざわざ合格実績を掲載したのは、あなたのためです。私がオススメ本を紹介するのもあなたのためです。

受験業界には、やらせやネガティブキャンペーンがはびこっています。

例えば合格者数3000人と言えば、すごいと思うかもしれませんが、それは受験生のほんの一部で、本当はたくさんの不合格のデータがあるということは珍しくありません。

また、合格率も本書の冒頭で述べたように、慎重に考える必要があります。普通に確率計算をして、ほぼ7~9割が不合格になる試験で、それだけの合格者数が出るのは、明らかにおかしいのです。実際に計算してみましょう。

0.3×0.2×0.8×0.9×0.6×……

このような形で合格率が20パーセントや30%の人がいたとすれば、もうたったこれだけしか計算してないのに、全員が合格する確率は2%ほどになります。

合格者数より上昇度が重要

合格数のトリック

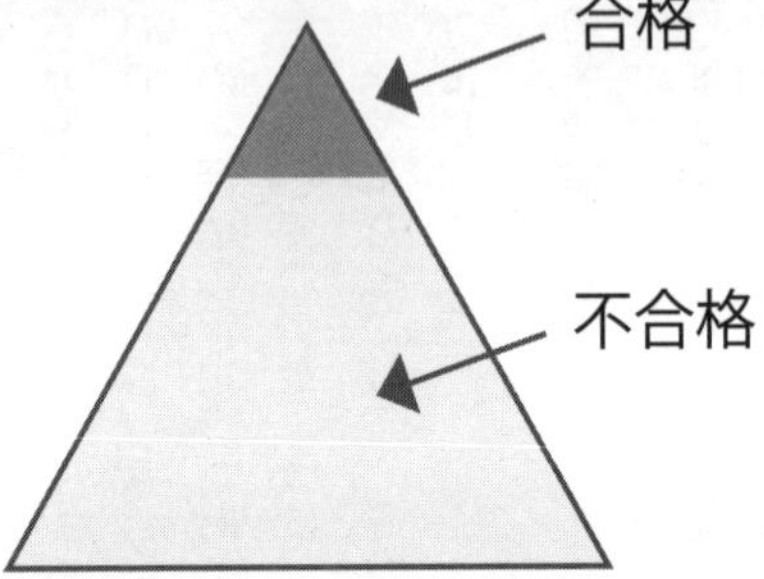

合格率のトリック

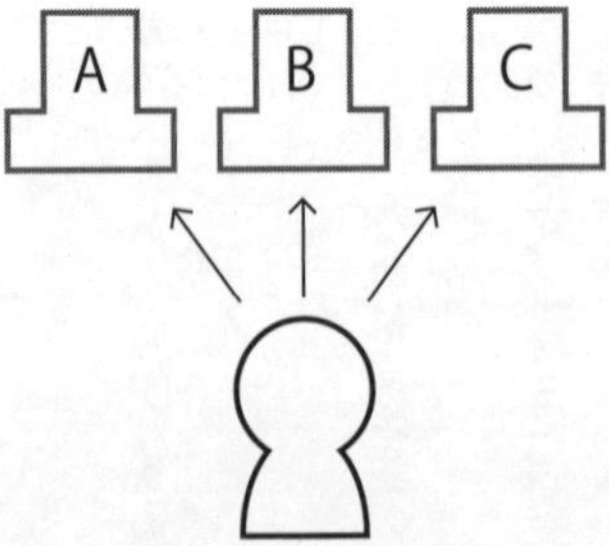

1人が合格しても3人合格
or
データなし(非公開)

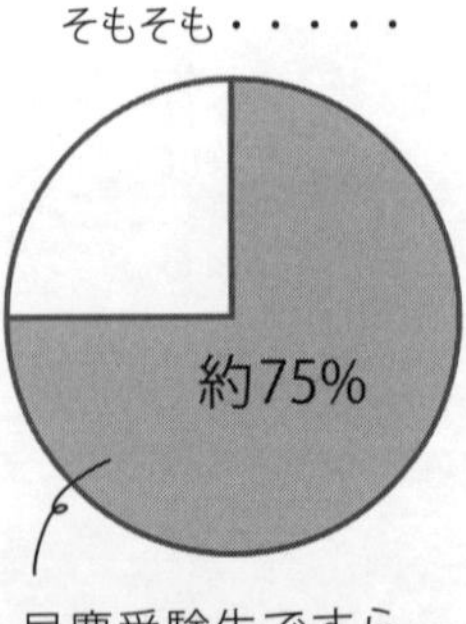

早慶受験生ですら、
年間の記憶時間が短く
1日に10時間記憶作業を
行っていない。

精神論と根性論を混同すると不合格になる

精神論とは内面論です。自己コントロール能力のお話ですので、受験の急所の一つです。『精神論をなめるな』とは私が一緒に本を書いた東大法学部卒の弁護士の言葉です。彼はその精神性こそが受験において圧倒的に重要だと気づいている一人です。

敵を知り、己を知れば、百戦危うからずとは、昔から言う言葉ですが、受験は、大学とあなたとライバルの三つで考えなければなりません。

・大学………傾向
・あなた……勉強時間、学習効率
・ライバル…今こうやっている間にも、力をつけているその速度

精神状態に波がある人や、効率が悪い人、集中できない人、要領が悪い人は、不合格になりやすいということです。精神論は根性論ではありません。精神論は内面論であり、自分という存在をコントロールできない人は、受験には勝てないのです。

一流のスポーツ選手、一流の経営者、一流の受験生はまず自分に勝ちます。なぜそれが必要かは次ページの図を見れば一目瞭然です。超一流は人格、一流はマインド、二流はテクニック、三流はお得情報を気にします。いかなる分野でも例外はありません。

記憶量（英語・歴史・数学）

精神論をバカにする人が負ける理由①

(1)

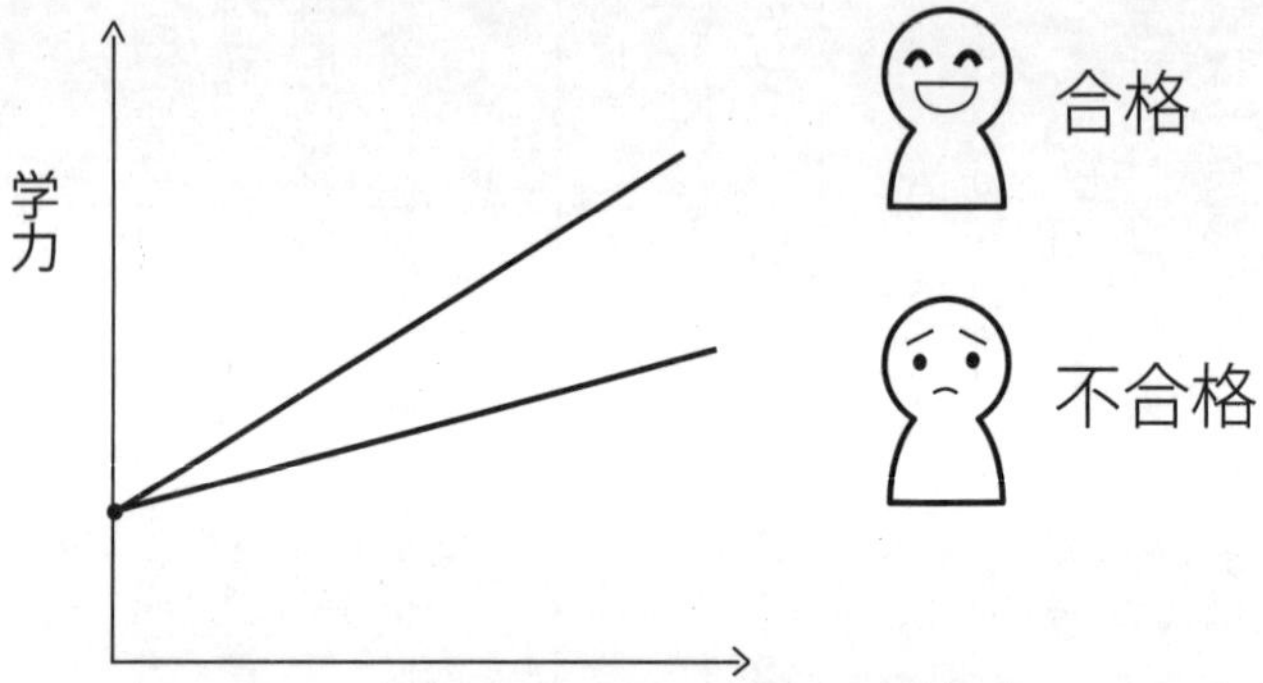

勉強時間がある人の方が
圧倒的に学力が伸びる

(2)

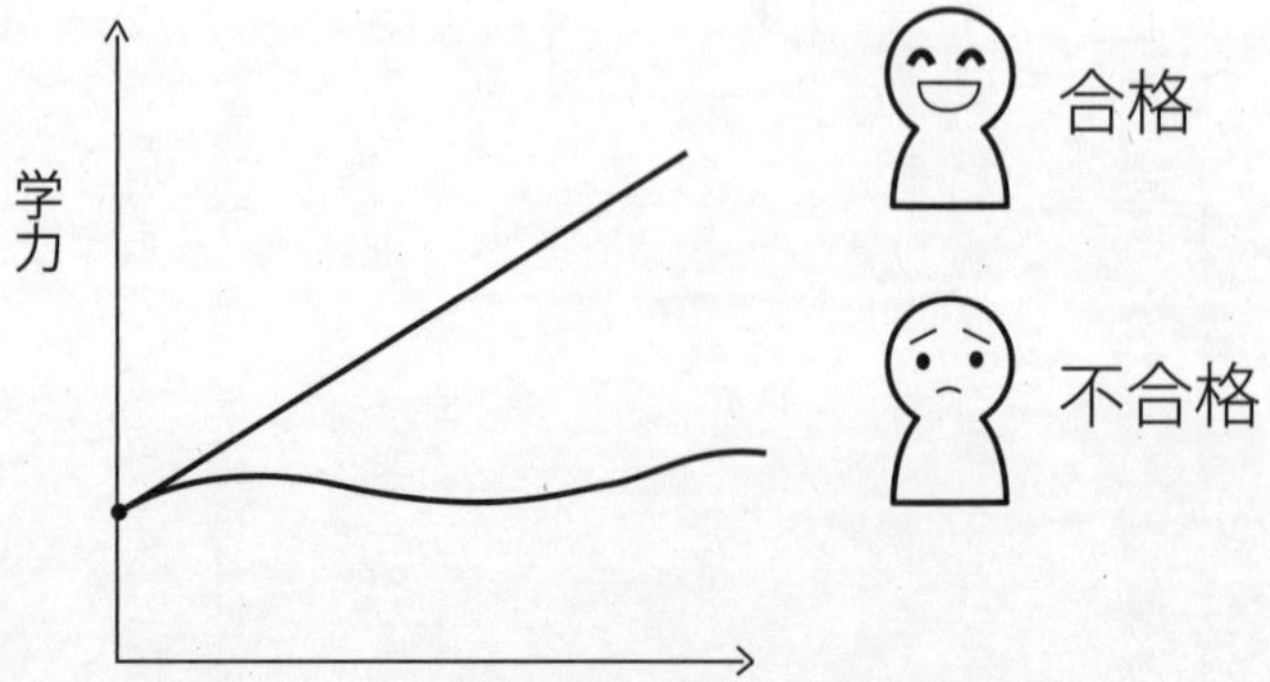

精神状態に波がある人は
すぐにやる気を失ってしまう

精神性と推論能力は明確に比例する

◉精神性を重視できる人は実は小論文の点数が高い

精神論とは内面論です。したがって精神論を根性論と錯覚すると、現実に対処できなくなります。私が書いた慶應大学対策の本では、精神的にまっすぐになることを説いていますが、それには学術的にリサーチされた裏付けがあります。

研究によって分かっているのは、その人の心的態度は推論能力と大きな相関があるということです。精神的に独善的な人は、思考回路が独善的になりやすく、判断が狂うのです。判断が狂う人は小論文の点数が低くなります。人の推論には、直勘型の推論と、分析型の推論があるといわれています（推論の二重過程説）。独善的な心的態度の人は、直勘型な推論になりやすく、判断が狂います。それに対して、分析的に思考する人（多くの場合、謙虚であったり、素直な人）は思考力が高くなるのです。平たく言えば、人間はピノキオ・天狗になると、危険だということです。

私は大学院で推論能力についての研究を行いましたが、私が行った推論能力に関する研究でもはっきりとデータが取れました。推論能力が高いのは学歴が高い人ではありません。思考回路が分析的であり、なぜか？　と問う人です。影響力がある人の意見になびいたグループは、対照実験で、もっとも推論能力が低くなりました。影響力のある人に全面的に従うのは、メリットもありますが、細かいことを考えなくなる場合もあれば、間違っている場合には全面的に推論能力が低くなるということです。

ちなみに、もっとも推論能力が低くなったのは、自分が独善的に正しいと思った人です。自分とは反対の意見が出た時に、自分を自己正当化して考えることを放棄した人でした。あるグループの推論力の点数が最下位の5人に共通する心的態度は、自分が正しいと思う点だったのです。先行研究の見解とも一致するデータでした。

私が『慶應大学絶対合格法』に掲載した漫画は、事実を元にして描いた漫画だったのですが、私が大学院で行った研究ではぴったりと漫画と一致する結果が出ました。

私が「謙虚になりなさい」と言っているのは、精神論ではありません。推論能力を高めるために、謙虚になりなさいと言っているのです。精神面をコントロールすることは、推論能力を引き上げる土台になります。表面的にだけ物事を見ていくことしかできなければ、単なる人生訓や人生論だと思うのかもしれませんが、気づいた人は合格しています。

また日本で13年間の日本一の生徒を作った原田先生は、態度教育を教育の急所として提唱しています。日本一を13年間連続で作ることをあなたはイメージできるでしょうか。精神論は根性論ではないのです。精神論は、エリートが行う自己コントロール術、モチベーションコントロール術でもあるのです。結果につながる急所が精神です。一流の人はどんな人でも気づいています。二流は精神性が結果に与える影響に気づくことができません。

推論能力（小論文）

精神論をバカにする人が負ける理由②

(1)

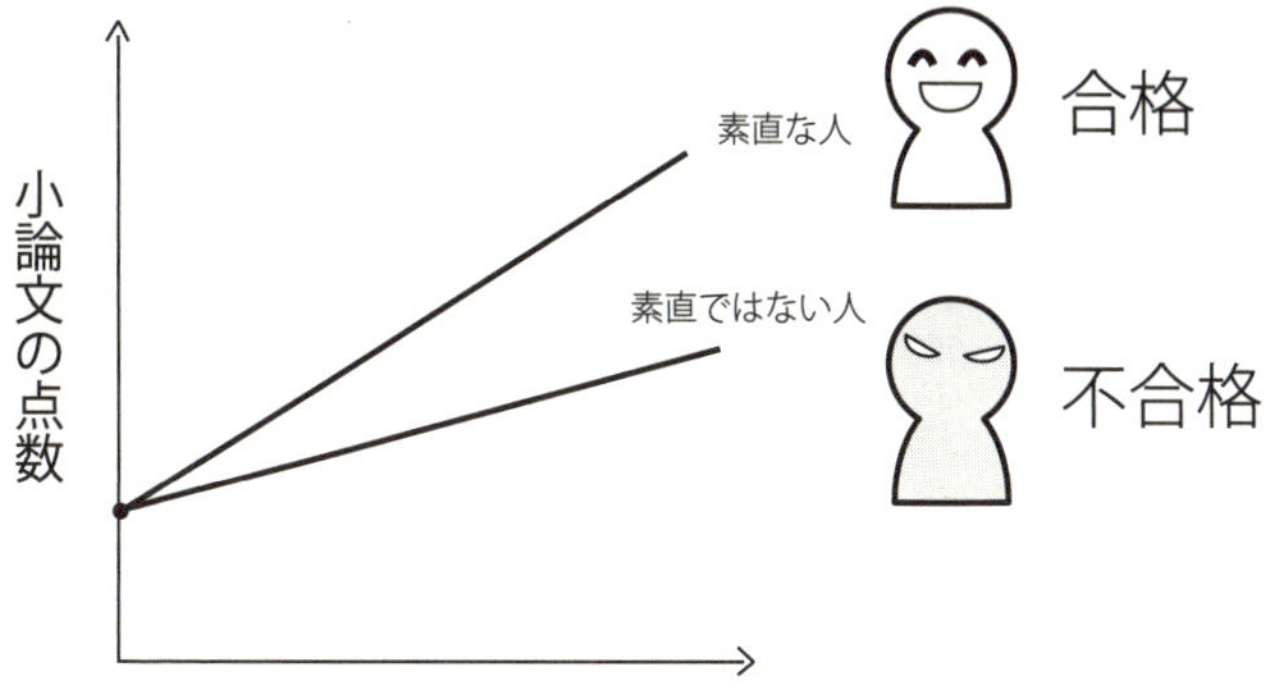

小論文は、素直な人の方が点が伸びやすい

(2)

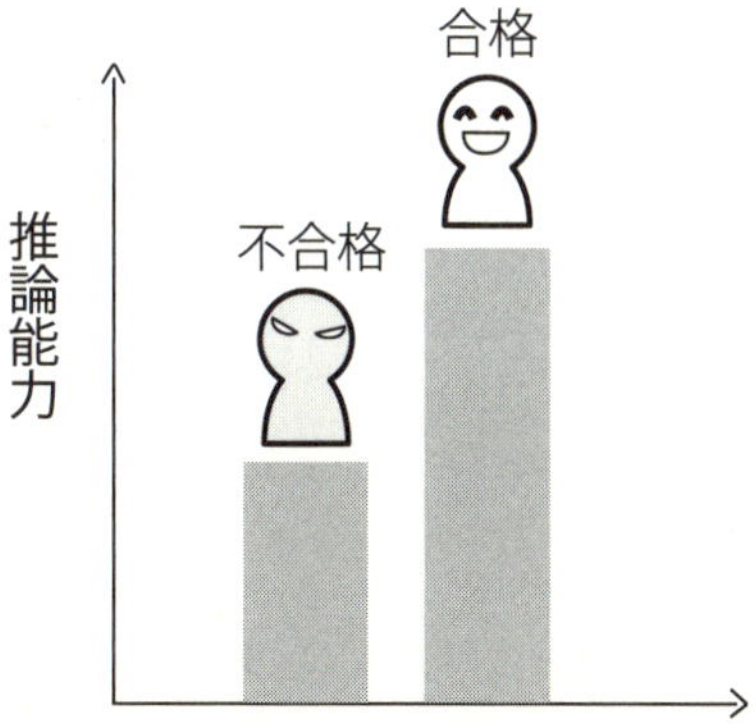

素直な人の方が、推論能力が高くなってしまうことが分かっている。

急所＋アルファ戦略がなぜ強いのか？

本書でご紹介するのは、急所＋α戦略です。ここまでにご紹介した合格者が実践していた戦略です。この戦略が強い理由は、そもそも、戦略というのは、急所をおさえたもののことを言うからです。あれもこれも大事というのは戦略ではありません。

「戦略とは略することである」と述べたのは、ソフトバンクグループを率いる孫正義氏です。あれも大事かなぁ、これも大事かなぁ、こんなことも知っている、あんなことも知っている、あれやこれや、いろいろといろんなことがあるね！　という風にたくさんの情報を持っていても、結局だからどうやればいいのか？　なぜ結果が出るのかが分かっていないのであれば、それは何もわかっていないし、何も分析できていないということなのです。

急所をつければ、結果につながる理由は、急所とは、影響力が大きい部分だからです。例えば当然ですが東大に合格するのに漢字の問題集を１００冊やっても合格できません。急所を外しているからです。出題される確率が高いものを人より多く覚えていることによって合格できます。私の生徒さんはＴＯＰ合格することも珍しくはありません。

急所＋α戦略が強い理由

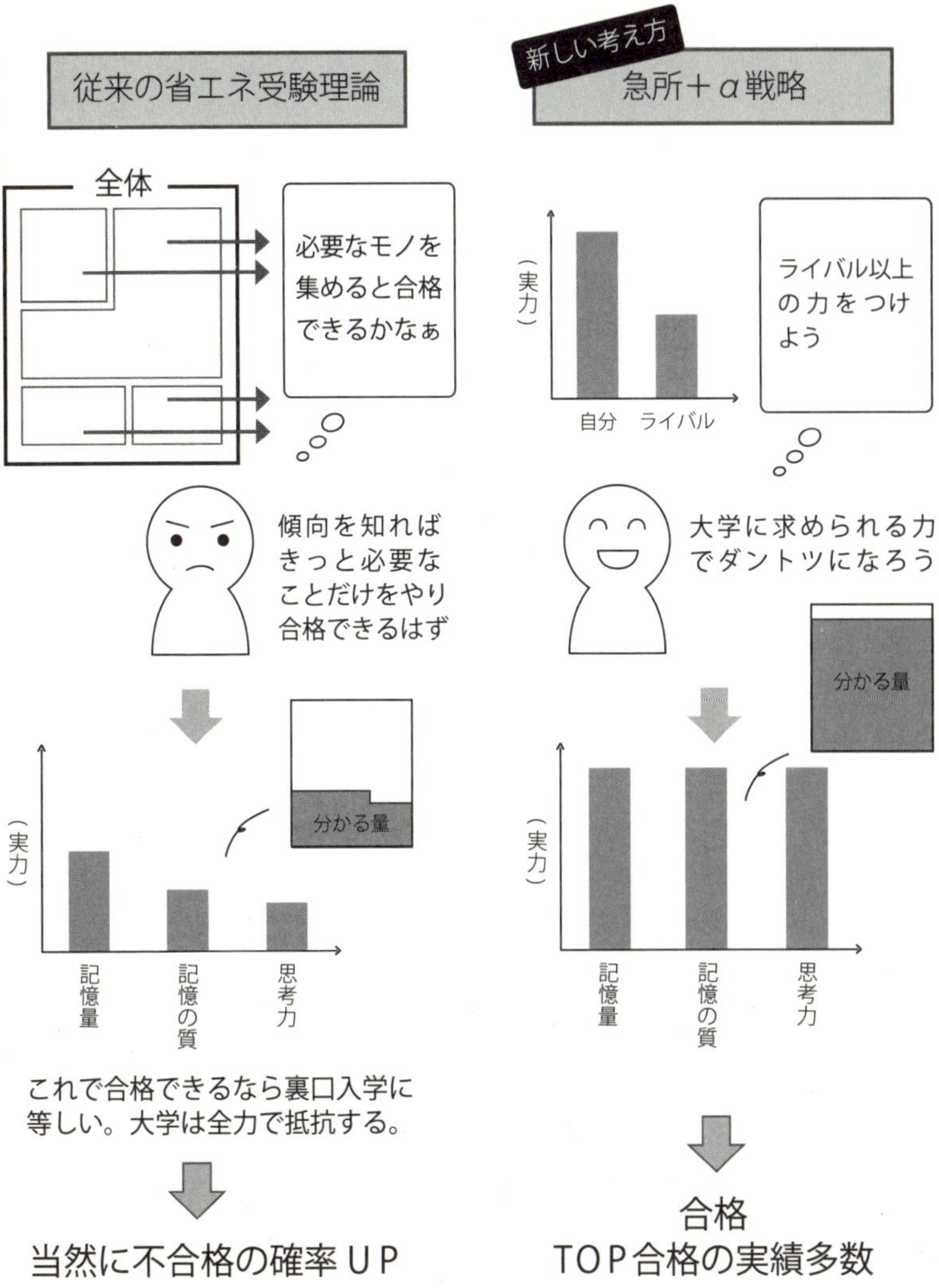
従来の省エネ受験理論
全体
必要なモノを集めると合格できるかなぁ
傾向を知ればきっと必要なことだけをやり合格できるはず
分かる量
（実力）
記憶量
記憶の質
思考力
これで合格できるなら裏口入学に等しい。大学は全力で抵抗する。
当然に不合格の確率UP
新しい考え方
急所＋α戦略
（実力）
自分
ライバル
ライバル以上の力をつけよう
大学に求められる力でダントツになろう
分かる量
（実力）
記憶量
記憶の質
思考力
合格
TOP合格の実績多数

シンプルに考えよう

受験の急所は、記憶量と記憶の質、考える力だと言いました。シンプルに考えれば、あなたに必要なのは、以下の2点です。

① 頭に残る勉強法（記憶の量と質）
② 考える力がつく勉強法

方法論ベースで言えば、この2点が重要です。あれもこれも知っているというのは、ちょうど電話帳のような情報を知っているということで、言い換えれば無策ということです。無策な人が、戦略を持っている人に勝つのは大変難しいことです。無策にも関わらず、いかにも戦略的であると謳う受験情報は多いものです。

何が大事なのか？　と問うて、「この問題集が大事」と言ったら、そんな馬鹿なことはありません。なぜならば、ここまでで何度も述べたように、出る問題は分からないからです。出題頻度が高いものは大手の出版社がデータベースにデータを入れ込んで分析、解析しています。なぜ零細企業がそれ以上の確率で出題精度を分析できるでしょうか。むしろコンサルティング会社が分析すべきは出題傾向や出題される内容といった表面的なことではなく、その背景にあることです。本書では背景の部分をご説明します。

シンプルに考えよう

①頭に残る勉強法

②考える力がつく勉強法

慶應大学絶対合格法の
カリキュラムで勉強しよう

(1)小論文技術習得講義

(2)慶應小論文合格バイブル

(3)小論文の教科書

記憶項目数と出題確率で考える

よほど悪い単語帳などを選ばない限りは、どれをやっても同じです。冷静に考えてください。

・単語帳A　2000語
・単語帳B　2000語

どちらの単語帳も、そこそこデータベースからはじき出しているのであれば、かなりの部分が重複しています。さらに言えば、程度が低いです。つまり、このレベルのものを1冊やったという程度では、早稲田大学や、慶應大学に合格するのに十分かと言えば、まったく十分ではありません。つまり、両方やるべきだということです。

急所は「どのようにやるべきか（覚えるべきか）？」です。いかに時間を使うのか？　どのように考える力を引き上げるのか？　という部分こそが急所なのです。「何をやるか」を気にする受験生は不合格になります。これは難関試験でよく言われることです。「何をやれば大丈夫ですか？」と問うのは、難関試験受験生として失格です。「どれだけ覚えれば合格できますか？」「そのためにどうすればいいですか？」と問いましょう。本書と『慶應大学絶対合格法』で掲載している以外の参考書はエール出版社の早慶の合格参考書シリーズを読んでチョイスすれば十分です。

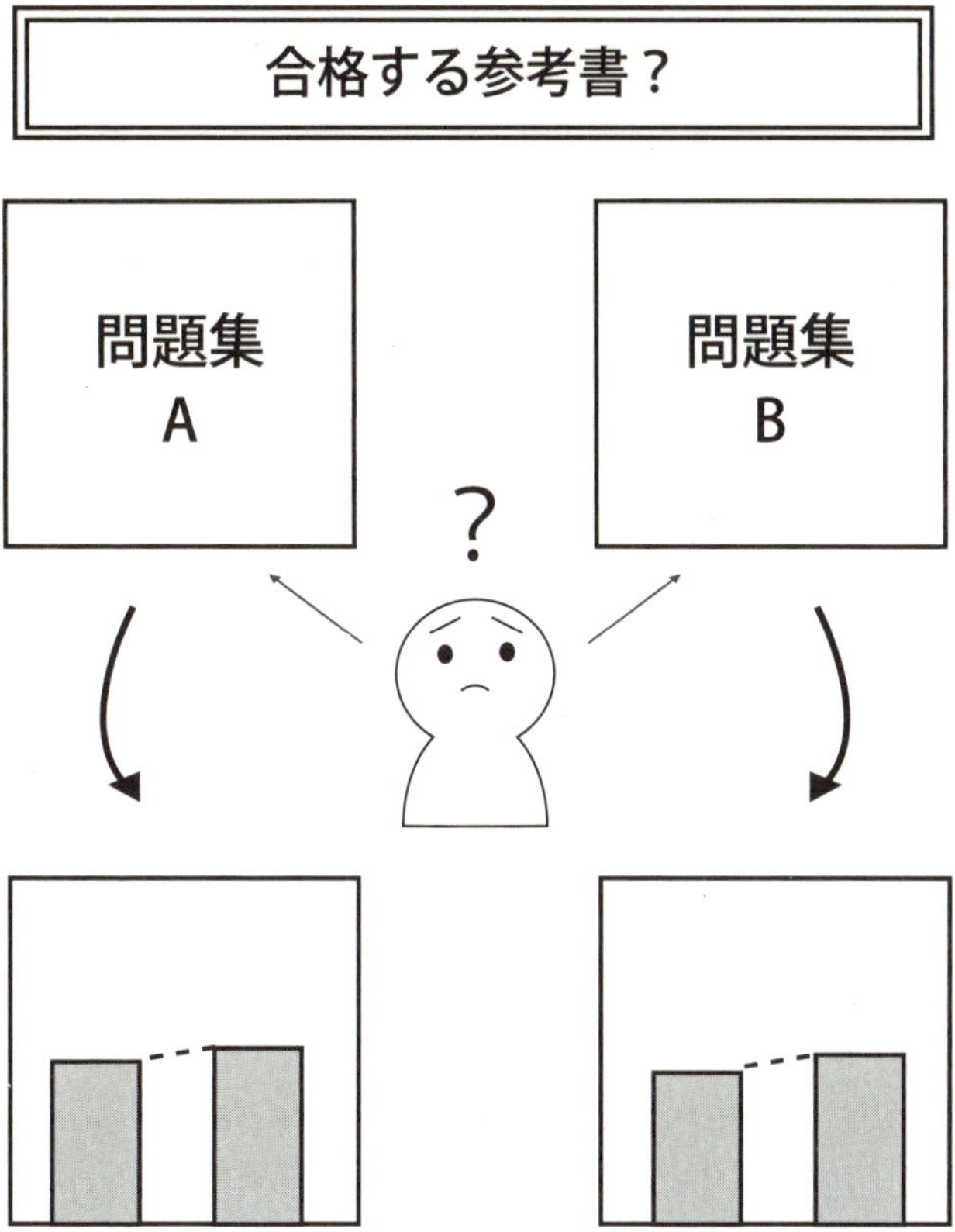

どちらも同じ程度しか学力は伸びていない

最初からどこに時間を割り振るべきか？ と考える

受験は記憶のゲームです。慶應大学に関しては受験とは考える力も試すゲームです。

このゲームの勝ち方は、記憶量を引き上げて考える力を引き上げることです。これがこのゲームの勝ち方であり、急所です（現代文は例外的に読解スキルを見ます）。

合格するために、時間をどのように投資するのかを真剣に考える必要があります。

もう少しこのゲームの勝ち方を詳しく露骨に言えば、どこに自分の手持ちの時間を使うかによって勝ち負けが決まりやすいゲームということ。どんなゲームにも攻略法はあります。この受験というゲームの攻略のカギは、時間の有効活用です。時間を使っても点数が上がらないところには時間をかけないことが大事です。

記憶量が伸びないことと、考える力が伸びないことはやっても無駄です。リターンが少ないからです。記憶の量を引き上げて、解答を選ぶ力を磨き、記述力を鍛えれば合格できます。ここが急所です。

従って慶應受験生の場合は、今の小論文の力が分からないならば合格確率も分からないし、どこに時間を投資していくべきかもさっぱりわからないので、とりあえず受けてみるということしかできなくなってしまいます。

もう少し別の言い方をすれば、明治等のいわゆるマーチを受験する人も、慶應大学に興味がある場合は、小論文の実力を計測しておきましょう。小論文の資質によって、どこに重点的に資源を投入すれば合格しやすくなるのかが分かります。

◉ 残された時間で物理的に伸びる学力をシミュレーションして調整する

多くの受験生はこの逆算をしません。そのため、①がんばってみる ②受けて落ちて悲しむ、というようになりがちです。これでは合格率が下がるのも当然です。今過去問題を解いて、まったくできない場合、少しも落ち込むことはありませんが、残された時間が無いのに、点数が上がることを非現実的に期待して不合格になるケースや、本当は小論文の利用によって慶應大学の合格可能性も十分にあるのに、悲観して無理だと思い込み、落胆して勉強が手につかなくなり不合格になるというケースが目立ちます。どちらも大変な損失です（無策の『イノシシ勉強法』と呼びましょう）。

点数がどれだけの時間でどれだけ上がるかは、ある程度シミュレーションできます。したがって逆算する必要があります（戦略的な『合格しやすくなる勉強法』と呼びましょう）。その時に必要な判断基準の一つが小論文の実力です（推薦＆ＡＯ＆慶應で合格率ＵＰするため）。

小論文の実力は1年前にチェックしておくことを強くお勧めします。筋がいいかどうかは実力がつく前にある程度分かります。実力を判定できる人に判定をお願いしましょう（3回書いて見せればだいたいのことが分かります）。

小論文の実力が伸びにくいのであれば、小論文があまり無関係な志望先をメインにして戦略を設計することで合格率が上昇します。（例）慶應経済・商をメインとして、英作文と１６００年以降の問題を徹底的に記憶する。

慶大受験の攻略可能性が
戦略設計の土台

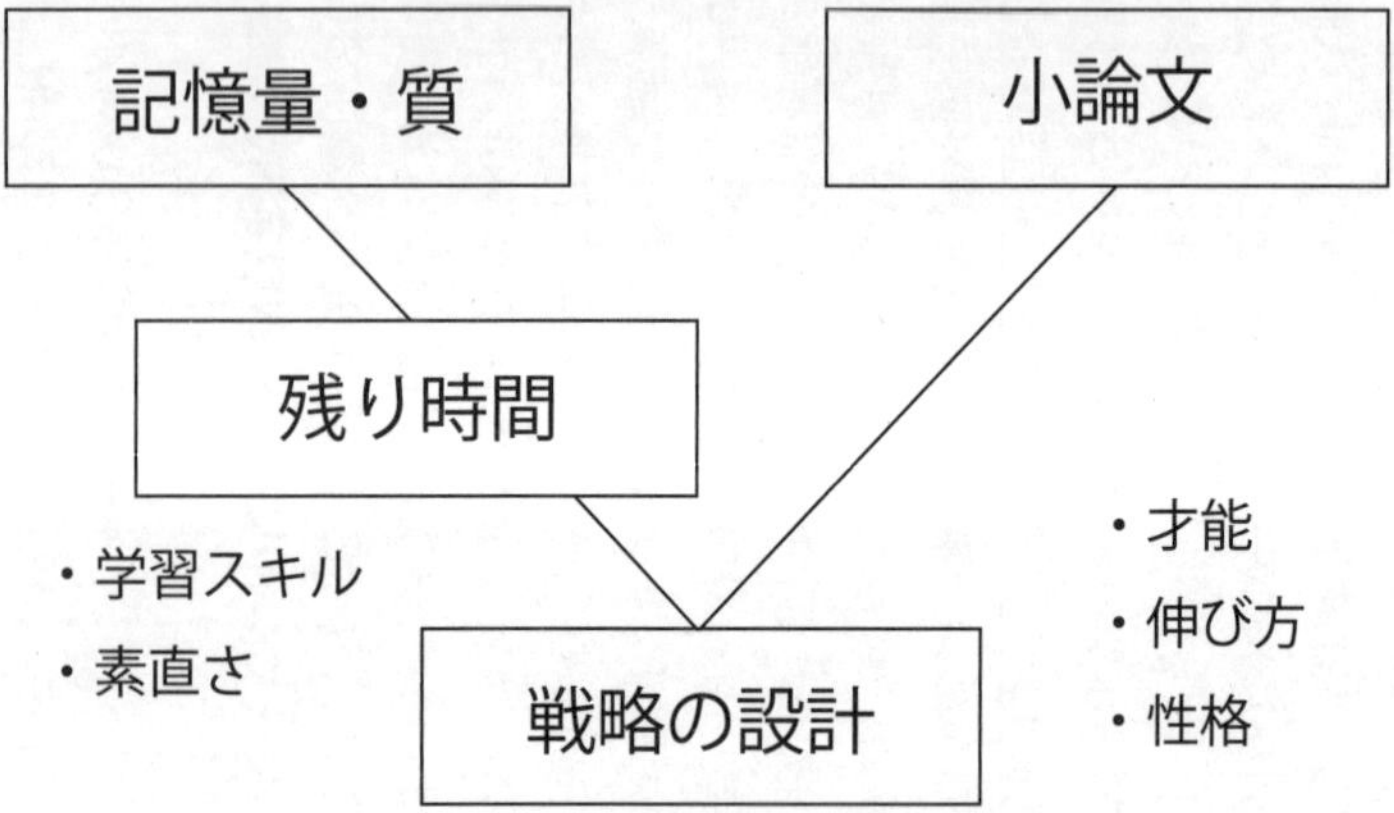

文 法 経 商 総 環

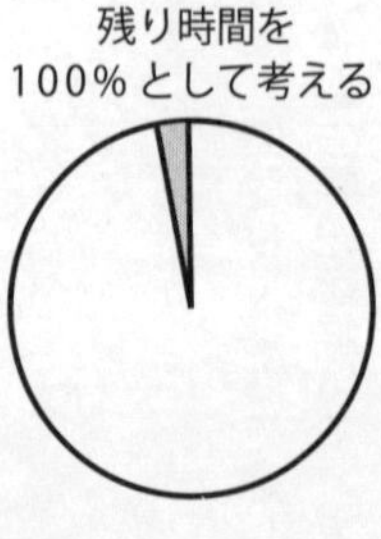

［本質的な問い］

残りの時間をどの学部の対策に回すべきか？

省エネで合格したいですか？

省エネで合格することはできないのでしょうか。もちろん、例外はあります。記憶項目数を減らしても勝負できる学部を受験することです。少ない記憶項目数でも勝負しやすいのは、慶應で言えば文、経済、SFC（総・環）です。時々科目数だけで記憶項目数を考えている人がいますが、それは司法試験よりも司法書士の方が難しいと思っているのと同じです。英検1級よりも、高校受験の試験が難しいと思っているのと同じです。必要記憶項目数は科目数に必ずしも比例しません。

省エネで合格できると思うのは幻想です。省エネだけでは合格しにくい理由は二つあります。過去問題を見て、これなら少ない記憶数で合格できるかもしれないと思うのかもしれませんが、過去問題は、その科目の広い出題範囲からほんの一部を拾ったにすぎないので、結局はたくさん覚える必要があるからです。もう一つの理由は、出題形式はあくまでも概念的なものなので、実質的に必要になるのは、記憶事項（量）だからです。

あなたが対応しなければならないのは出題形式ではなく、どちらかと言えばライバル以上の記憶量です。

なぜ省エネ合格理論は通じないのか？

(1) 一部にすぎないから

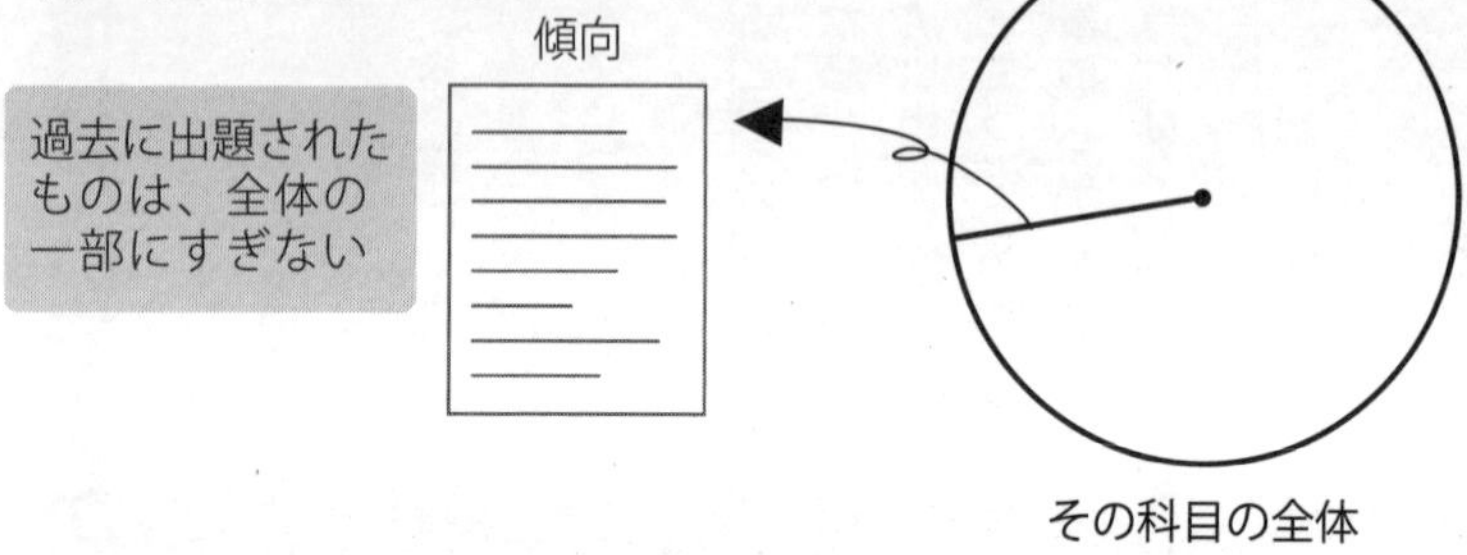
傾向
過去に出題されたものは、全体の一部にすぎない
その科目の全体

長文、英作文、整序、口語、イディオムは

(2) 単なる概念にすぎず物理的なパーツではないから

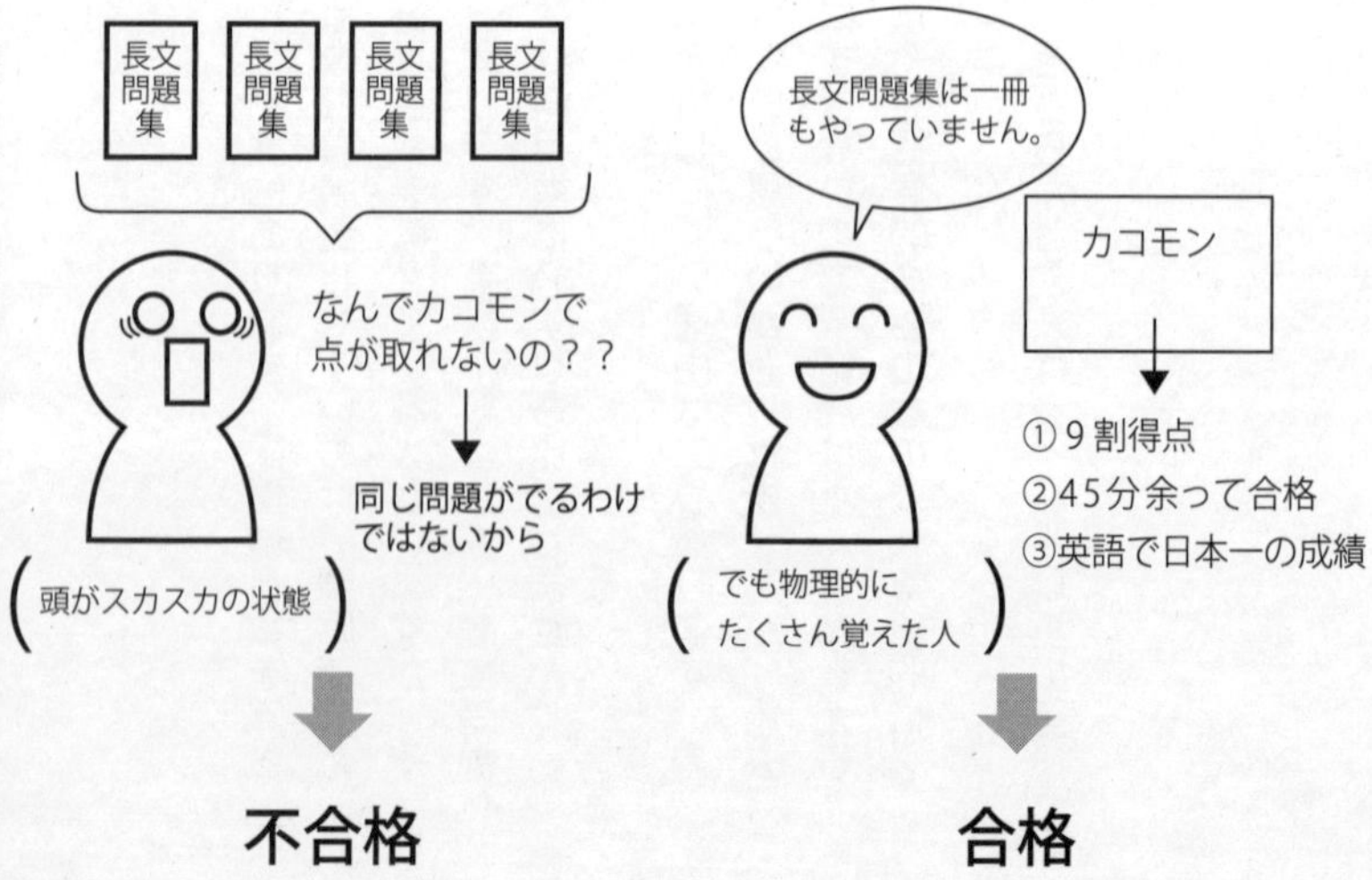
長文問題集
長文問題集
長文問題集
長文問題集
なんでカコモンで点が取れないの？？
同じ問題がでるわけではないから
頭がスカスカの状態
不合格
長文問題集は一冊もやっていません。
カコモン
① 9 割得点
②45分余って合格
③英語で日本一の成績
でも物理的にたくさん覚えた人
合格

大丈夫かではなく、何パーセントの確率か？　と考える

受験生がよく質問してくるのは、『これで大丈夫でしょうか』という質問です。その質問をしたい気持ちはよく分かるのですが、これは0か100かで考える考え方です。

重要な問いとは、0%か100%かではなく、『この方向性とアプローチと戦略で行くほうが、合格率が少しでも高くなるでしょうか』という問いです。大丈夫かということを気にしている時点で、大丈夫ではないのです。

～合格情報の見方のアドバイス～

合格情報を見て、このやり方で大丈夫かどうか？　を判断しようとしてはいけません。これは、合格という一つのデータを見る時の間違った見方です。私は合格体験記を読むことをオススメしています。合格体験記には読み方があります。どれくらいの量を記憶することで合格することができたのかを気にしましょう。その上で、ラッキー合格なのか、ラッキーではないのか？　という確率面を考慮に入れた上で、なぜこの人は合格したのか？　を考えましょう。やり方だけですべてが決まっているわけではありません。

今の時代は、勝てるメソッドに気づいている人がまだ少ないだけ

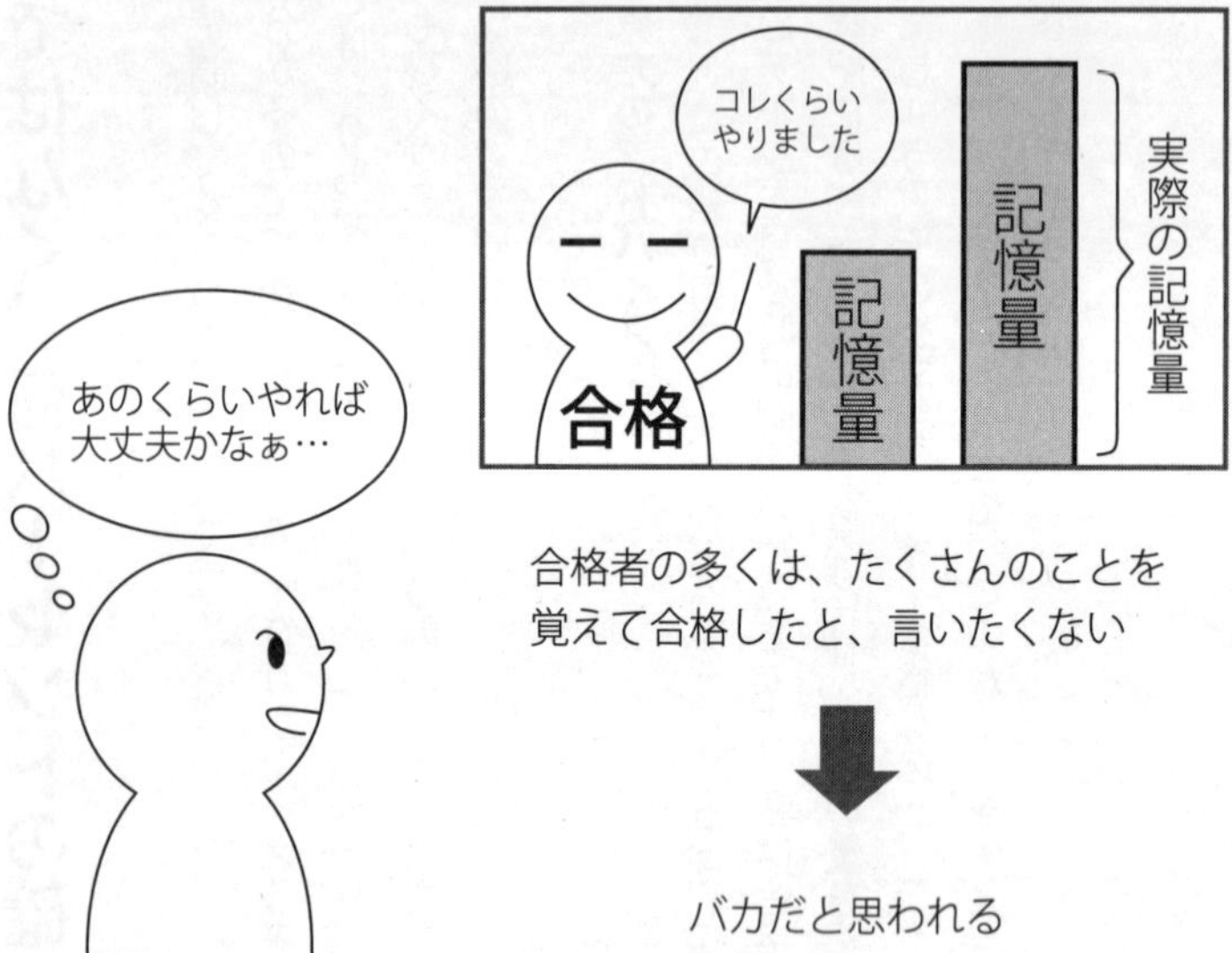
コレくらい
やりました
合格
記憶量
記憶量
実際の記憶量
あのくらいやれば
大丈夫かなぁ…
合格者の多くは、たくさんのことを
覚えて合格したと、言いたくない
バカだと思われる

大丈夫かどうかではなく、1％でも合格確率が引き上がる方向性を探る

特殊性への対応では、点数は上がりにくい

この原稿を書いている際にも、英語の点数が上がりにくいということで、会社に電話がかかってきます。英語の点数は、特殊性への対応などでは上がりません。TOEICは特殊な試験であるからして、TOEICの特殊性に対応した勉強方法が大切……などということに現実はなっているのでしょうか。なっていません。断言します。もともとTOEICは、その人の英語力を診断できるように設計されているものだからです。

英語の試験の急所は次の点です。

・記憶量（どれだけ正確に単語や熟語を覚えているか）
・記憶の質（条件反射スピードなど）
・読解力（読解のテクニックで理解力が上がることは学術的に証明されています）
・解答力（解答を選ぶ力と、正答率は比例します）

出題者からすれば、見たいのは受験生の能力と学力だということを忘れてはいけません。出題形式はなんでもいいのです。次のページの図のように、メインの力があり、その後に特殊性に対応するように＋αで力をつけていくのが適切なアプローチです。

慶應の各学部に特殊性はあるが、
だからと言って先にそちらに対応しようとすると失敗する。

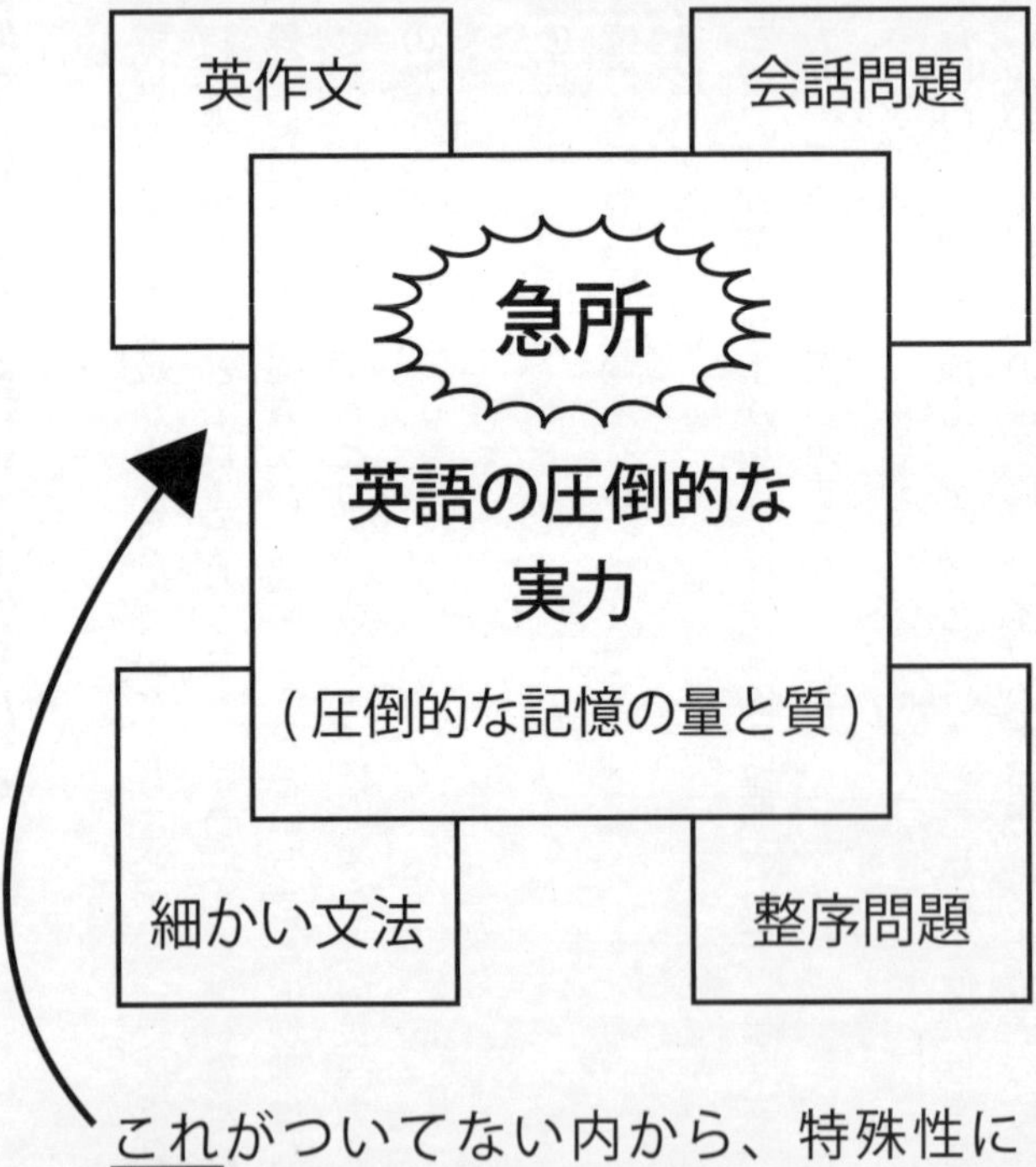

これがついてない内から、特殊性に対応しようとするから英語が苦手になるいつまでたっても偏差値が上がらない。

併願も急所＋αで考える

原則として併願も急所（記憶量や考える力）＋αで考えましょう。科目数で考えるべきではない理由は、科目数で考えれば受験に失敗しやすいからです。その理由はスキルギャップにあります。

ここに国立大学受験生がいたとします。たくさんの受験科目があります。ゆえに、同じ受験科目があるところならば医学部でもどこでも合格できるでしょうか。少しでも受験を知っているならば、おかしなことに気づくはずです。ここに司法書士の受験生がいます。今すぐに司法試験を受験して合格するでしょうか。少しでも法律の試験勉強をしたことがあるならば、すぐに気づきます。試験経験が無くてもすぐわかることです。

・国立大学を受験できるならば、科目上医学部にも合格できる？
・司法書士試験を受験するならば科目上司法試験に合格できる？
・高校を受験するならば、科目上、英検1級も合格できる？
・国立大学を受験する人は科目上東京大学の医学部や法学部に合格できる？

もう分かったと思います。

受験科目が重要ではないのです。そこで求められるスキル、記憶量が重要なのです。試験科目は急所ではありません。そこで求められている記憶量やスキルギャップが急所なのです。

だからこそ、まずは急所を攻略しなければなりません。急所を攻略するとは、あなたがより多くの記憶量を確保することを言います。このように多くの記憶量を確保することこそが、難関試験合格の王道中の王道です。


【絶対原則】

難関試験に合格するためには、何よりもまず大量に記憶することが大切。

特殊性に対応すべきなのは、特殊すぎる試験の場合です。例えば、慶應大学SFCの環境情報学部を受験するような場合は、最初から特殊性に偏った勉強をすることには一定の意義があります。

小論文の力（思考力や論述力）が無い場合は、5年勉強をがんばっても慶應法学部に合格できないかもしれません。

慶應大学の法学部の小論文の配点は100点満点です。ここで45点しか取れない人が、半分の配点比率の英語で9割を取得するライバルに勝てるでしょうか。私の教え子は慶應法学部の英語で9割得点します。

一生懸命に暗記をして一生懸命授業を受けても、少しも大学が要求するスキルとのギャップが埋まらないならば（記憶量が少ないならば）、時間を無駄に過ごしているということです。逆に言えば、急所（記憶量と考える力）から考えれば、どの学部を併願すべきか、どの学部を併願することで合格率が高くなるかもあっさりわかります。したがって、小論文の点数を分からない人が慶應受験の併願戦略についてアドバイスできる道理は、慶應大学の配点比率上ありえないのです。

慶應受験においては、商学部と経済学部を中心に勉強するか、法学部や文学部も目指すように枠を広げて併願するかの最大の目安が、小論文でどれだけ点数を取れるか、どれだけ今後伸びるか、伸びる可能性があるかです。ここが分からずに、どこを目指すべきかは絶対に言えません。小論文の点数を知りもしないで、どこを併願すべきかを言うということは事実を無視して適当なことを言うということです。

慶應大学の英語の配点は約半分、小論文の配点は3分の1～半分です。だからこそ、記憶量と小論文の実力は、併願を考える際の重要判断基準になるのです。

対策の急所を攻略すれば、あとはわずかな
学部別の対策で各学部に対応できる。

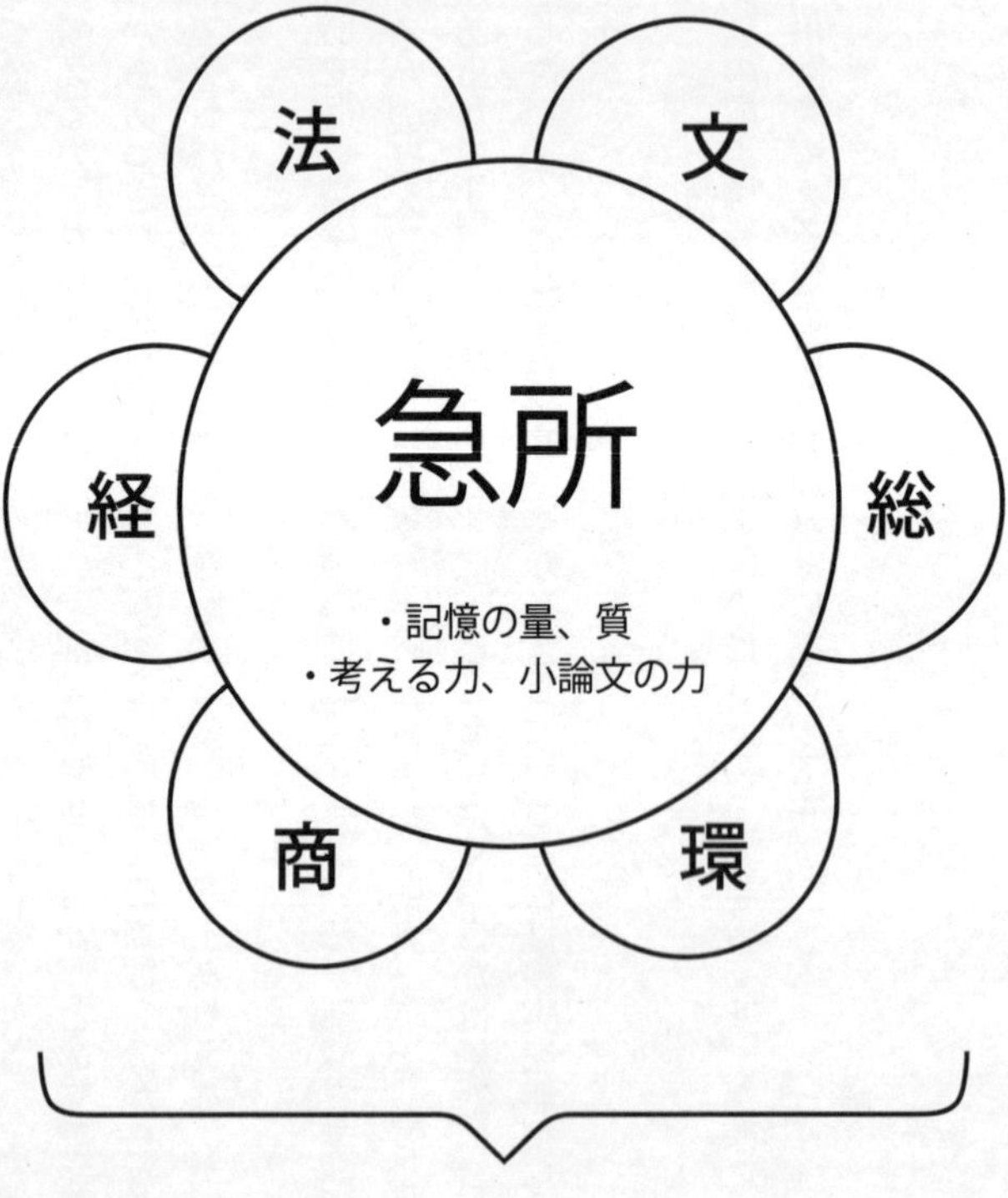

併願することで、あなたが慶應大学に
合格する可能性が最大化される。

◉試験の難易度は要求される記憶の量で決まっている

もう少し腑に落ちない人のために現実のデータを挙げておきます。慶應大学は、全国に数百ある大学の中でも最も科目数が少ない大学の一つです。それならば、日本で最下位の大学なのでしょうか？　これは表面的なものの見方です。現実には最難関と言われる司法試験や公認会計士試験で全大学中TOPの成績であり、東大、京大、慶應、早稲田は常に司法試験合格率、数でTOP校です。

大学は合格者数、合格率を競っています。科目数から流すという発想が根本的にまずいのは、各科目の難易度を無視している点です。

今年の2013年度の慶應大学の合格者のデータを見ると、私が主催する慶應クラスで、慶應法学部に合格した子は、約9割の得点の場合、慶應総合政策学部の得点は約6割ほどでした。複数人のデータを見ましたが、だいたい同じ数字になっています。

多くの科目を勉強することは、大変なことです。それだけ受験の困難度が上がるのも事実です。もう一つの事実を無視すると、あなたが不合格になりやすくなります。その科目で高い点数を取ることもまた困難度があるということです。司法試験の科目数は少ないかもしれませんが、司法試験の問題でたくさんの点数を取ることは難しいのです。英語もしかりです。英検もTOEICも同じです。

仮に科目数で難易度と頭の良さが決まるなら、慶大は最下位になる

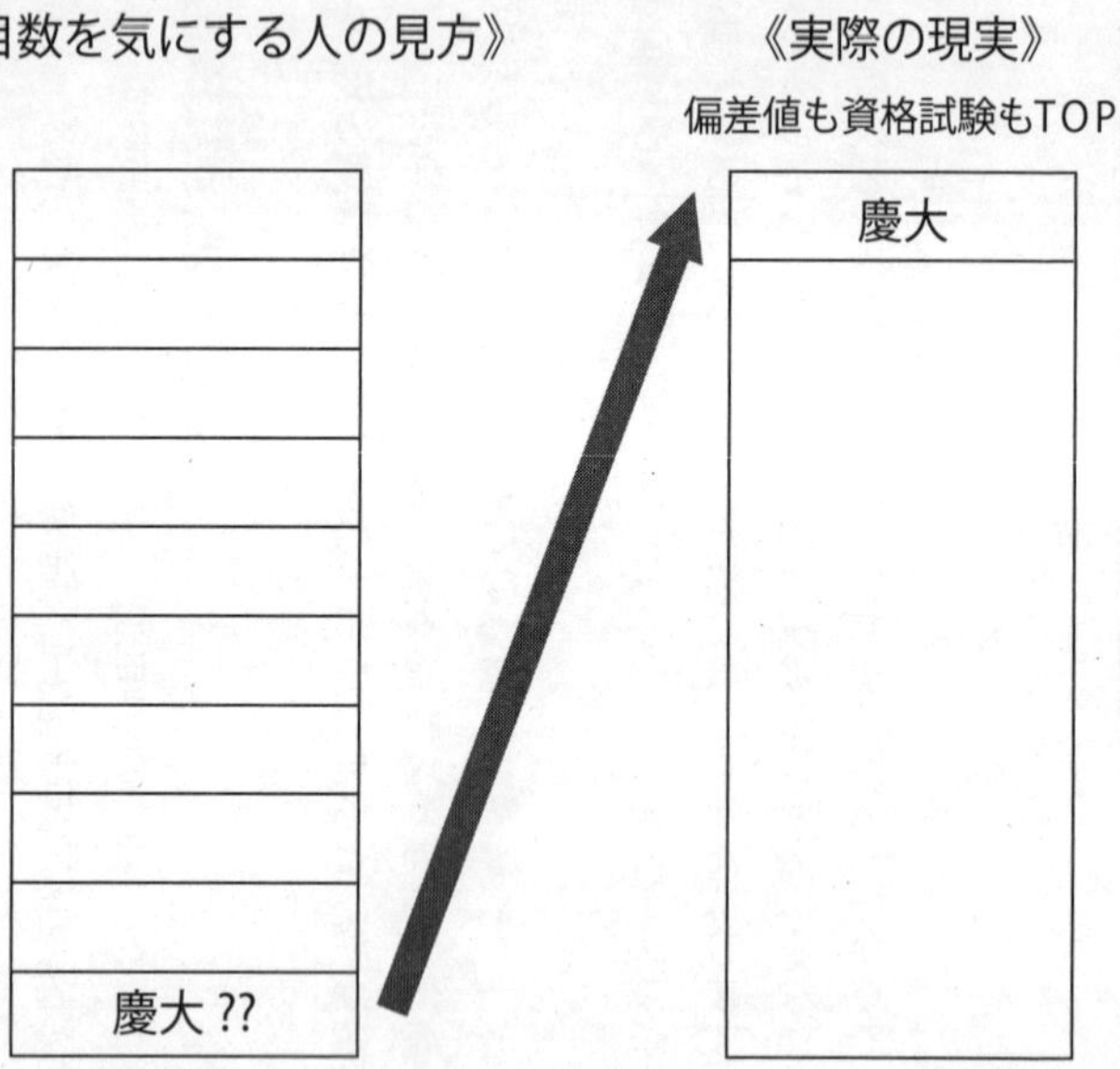

科目数を気にしている時点で表面的にだけ見てしまっている。表面的にしか物事を見れない人は受験に失敗しやすい。

※科目数で考えて流すという発想は理系の受験の時の発想の方法です。文系はあまり当てはまりません。

科目数で難易度を考えると落ちる

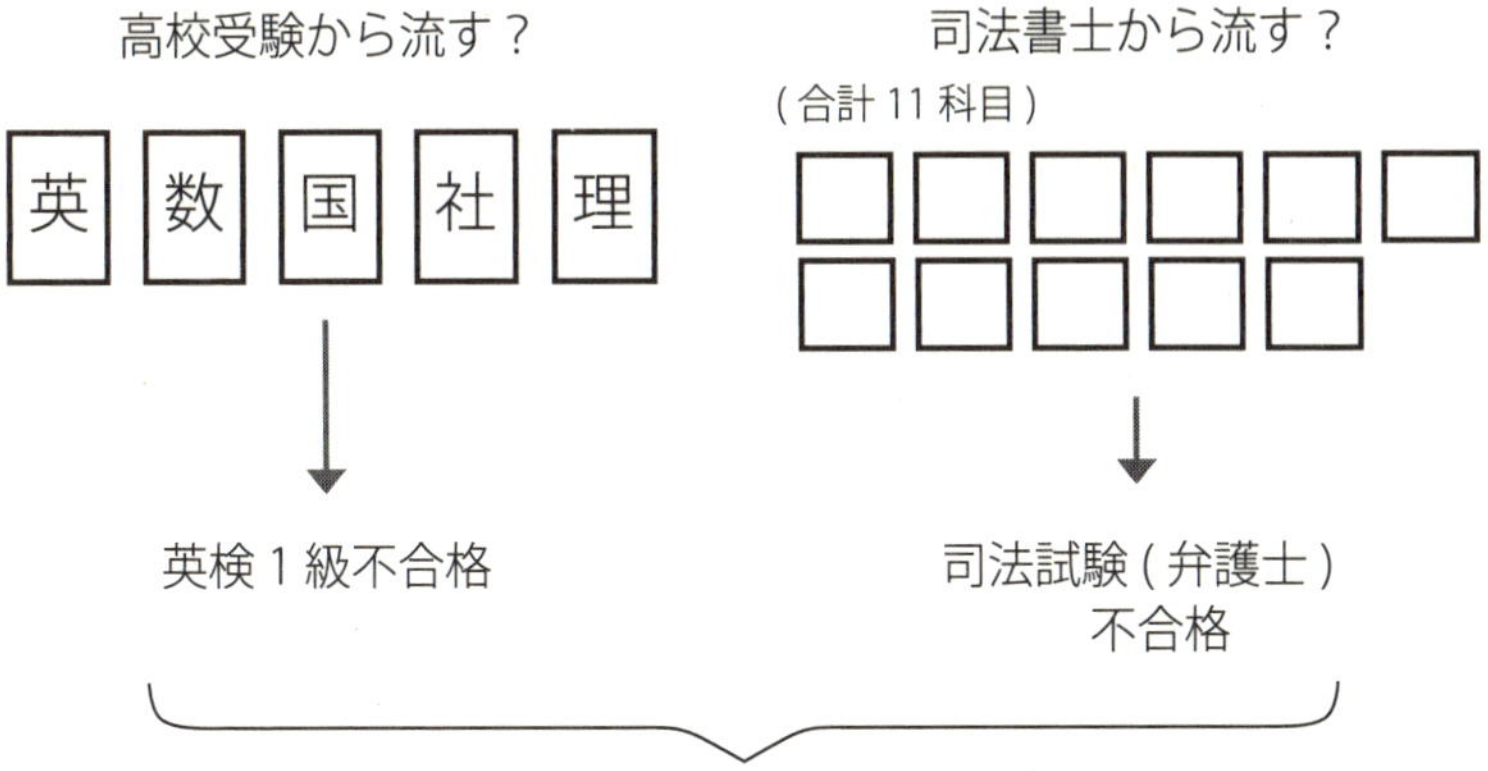

同様に一橋、慶（法）（経）（文）（商）
合格でもSFCだけ不合格という事例もある

科目数で併願を考えない

雰囲気にやられていませんか？

雰囲気に負けないようにしましょう。受験生の中には、大学の雰囲気や学部の雰囲気に完全にやられてしまっている人がいます。あなたのイメージや価値観は大事ですが、重要なのは現実です。

現実とは、あなたが試験で何点取れるかです。将来は裁判官を目指していることは、雰囲気です。将来は、公認会計士を目指しているのも素晴らしいこと。しかしそれは雰囲気です。大学院では、海外の大学院を目指すということは素晴らしいことです。それは雰囲気です。要するに、今の目の前の現実が重要なのです。ところが多くの受験生をサポートしてきた私の経験からすれば、多くの受験生は、雰囲気に支配されています。気持ちが大きくなり、先入観で頭がいっぱいになりがちです。優秀な子ほどこうなりやすいので、才能豊かな子が損をする傾向にあります。

こうなると、例えば、（難しい試験を受験するので難しい対策が必要だ……）と定性的に考えがちです。こういう人はたいてい失敗します。それに対して、東大の医学部に合格する人に限って、試験では、頻出事項を押さえることが重要で、高い点数を狙っていくことが必ずしも重要ではないと言います。定性的に考える人と定量的に考える人の違いです。目がくらむと現実が見えなくなるので、合格する急所を意識しましょう。

あなたが戦うのは大学ではなくて
ライバルの点

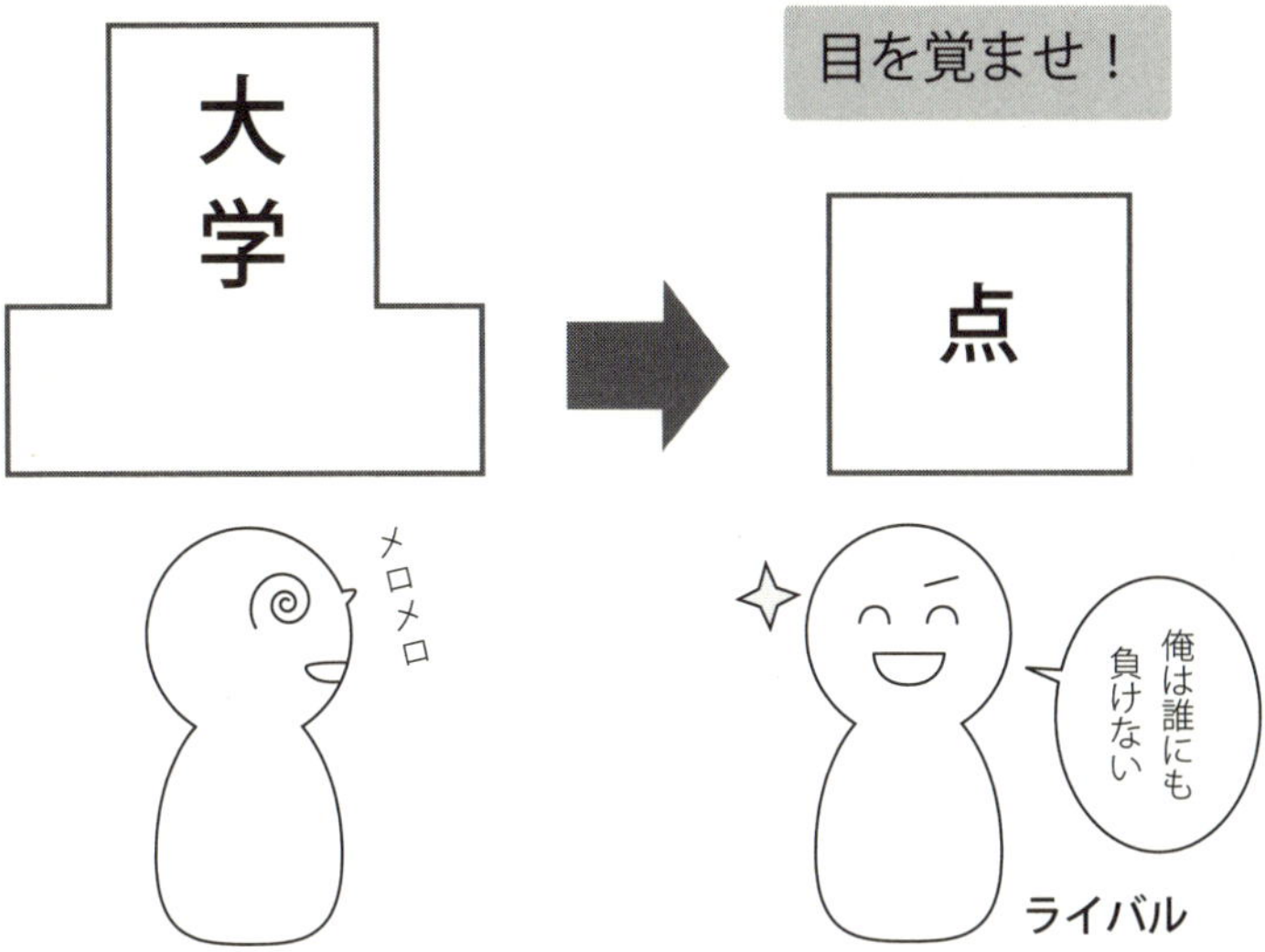

難しいってことは

↓

難しい対策が大事だ

↓

難しい問題集をやらなくちゃ…

⇩

非論理的

難関大を受ける

↓

難しいというのは具体的には

(1) 記憶量
(2) 考える力

この２つだ

↓

この２つで日本でＴＯＰになれば必ず合格する

コンサルタントがレーダーチャートを用いるのは、頭が良く見えるからです。いかにも分析しているかのように見えます。私は能力分析以外では基本的に使いません。何もレーダーチャートは教えないからです。

役立たない分析と役立つ分析の違いとは?

私は大学院では、MBAと呼ばれるコースでした。ビジネス・ブレークスルー大学大学院の特徴は、世界一のコンサルティングファームと言われるマッキンゼーのTOPを20年以上勤めた大前研一氏が学長を務めていること。世界一の手法、分析手法とは何かを学ぶことができました。そこで得た学びの一つは、細かいことをいくら網羅していっても何の役にも立たないということです。分析とは広大な情報網を網羅することではありません。そんなことはやらなくてもネットがあります。何のための情報の価値なのかを考えなければなりません。

重要なことは、略することです。『要はなんやねん?』という問いに答えていないものは、情報の価値がないということです。分析という名前でたくさんの細かい情報が羅列されているのは、頭が良く見えるかもしれませんが無意味です。何をすればいいのかが分からないし、なぜそうすればいいのかも分からないからです。私の慶應進学指導は、第二言語の習得の学術的な理論と研究結果に基づいています。推論能力の引き上げに関しても同様です。速読能力の向上についても同様です。著作物としても残しました。つまり、世界の学者が調べた事実に基づく力が引きあがる方法論を体系化してまとめているということです。だからこそ、日本でＴＯＰの成績が続出しているのだと私は考えています。

大学院でも皆で情報を集めました。例えば、ドコモが今後どのような活動を行っていくべきかというお題が出たとしましょう。皆でデータを持ち寄ります。株価の推移や、扱っている製品群、市場の動向などです。これらのデータをきれいに整理して、網羅したとします。ここで結局どうやればいいのかが分からなければどうしようもありません。

要は何なのか分からなければ、何の意味もないのです。

私はこのような分析手法で、大学院で東大卒や頭のいい医師や博士がいる中でＴＯＰの成績になりました。その経験からも言えることですが、情報を集めることや、網羅することにまったくといっていいほど意味はありません。価値のある分析にこそ意味があるのです。情報ならスマートフォンでいくらでも検索できるでしょう。

価値がある分析とは、結果につながる重要判断基準を満たすことです。結果につながるものは価値があり、結果につながらないものは無価値です。

精神論をバカにする人は落ちると言いましたが、理由は三つあります。

一つ目の理由は精神論はもっとも配点がある小論文という科目の点数に直結するからです。

二つ目の理由は、勉強時間が伸びない人は、物理的に時間を確保できないからです。

三つめの理由は、英語のような学習の判断が重要な科目は、間違った勉強法を行うことで悲劇的に点数が上がらないからです。

精神論はかっこうが悪いでしょう。それでもかっこうのよさと、合格には何の関係もないのです。事実を冷静に見ることができる、考えることができる人はこの点に気づいています。

分析が無意味な理由

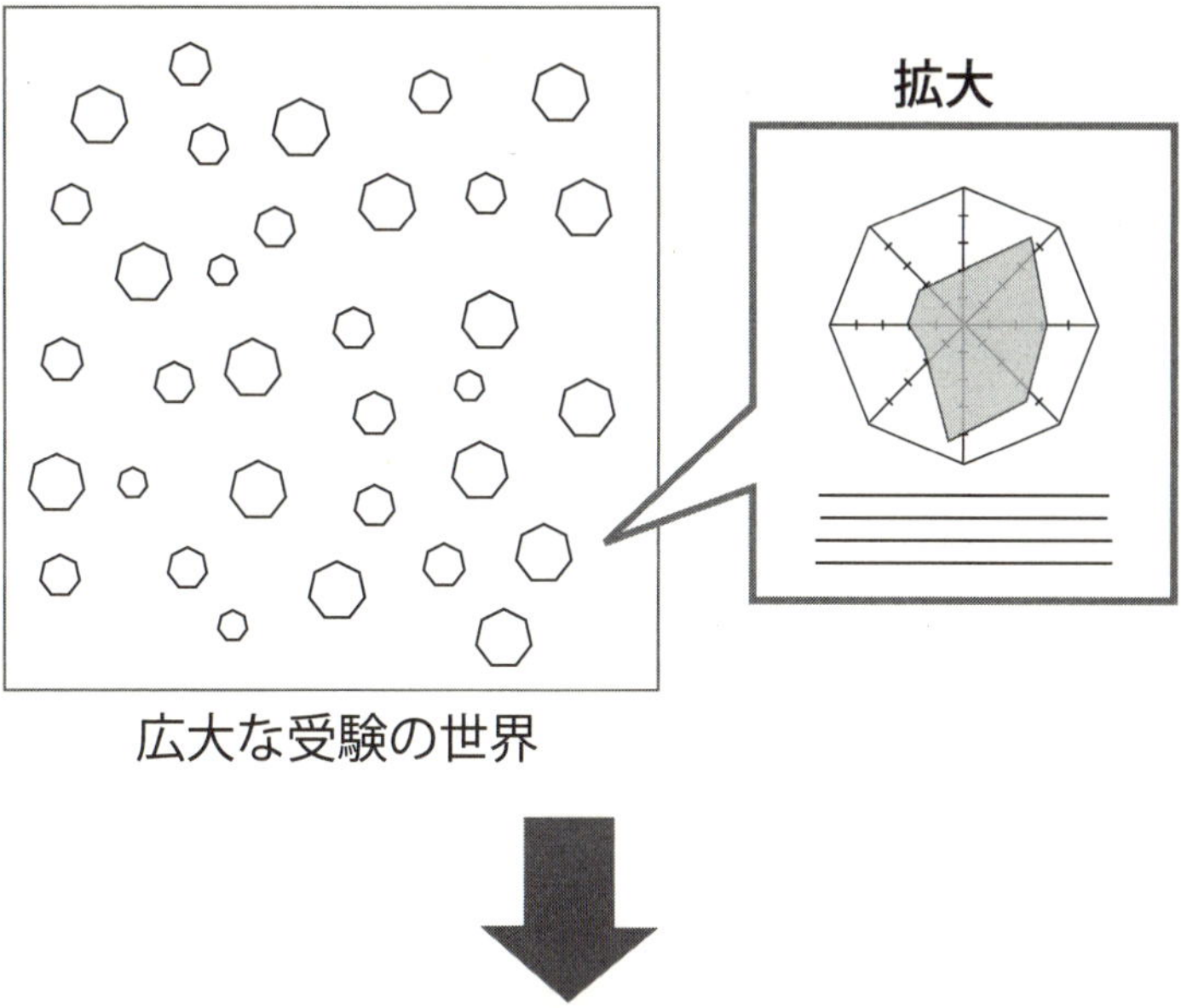

何が重要なのか、違いを作るのかがサッパリ分からない。細かいことを知ってもボトルネックが分からなければ、あなたの問題は解決しない。

【根本的な誤解】受験は合体ロボのようにはなっていない

よくある誤解は、受験が合体ロボのようになっているという誤解です。まずは単語を覚えて、熟語を覚えて、構文を覚えて、文法を覚えて、それから解釈問題をやり、その次にやっと長文問題ができる……いつか、実力がついたら整序問題をやろう！　赤本は冬から……こんな風に考えている受験生がいます。これは危険です。正解を言います。

◉英語は逆から覚える

まず今すぐに赤本を見てください。あなたが勉強をする目的はその赤本で合格点をとることです。やらなくてもいいです。そして長文用の暗記ツール（本書で後ほどご紹介します）からゴリゴリ覚えこむのです。英語は生きた文章の中で覚える、これが正解です。こうやれば辞書も一切不要です。最後に＋αで、特殊性に対応するために各種分野の問題集で補強していき、赤本を実際にやり、そのテスト結果で出てきた弱点という事実に基づいて対策をたてて、問題集を処理していきます。

私が提唱する英語の学習方法は一見すると非常識に見えるかもしれません。しかし、心配はありません。そもそも、日本人の英語力が国際的に見ても非常識的に低いのです。日本の学校の先生は、英語を教えることができても、ＴＯＥＩＣで４００くらいしかないことも珍しくはありません。なぜでしょうか。学校教育の方針がおかしいのです。国際的に見て日本ほど非効率的に英語を学習している民族も珍しいでしょう。私が提唱する方法論は、第二言語に関する研究に基づいており、別のアプローチをとった場合の約3倍の学習効果があることが分かっています。正確には、英語を読むのではなく、聞いて覚えます。音読が良いという考えも日本では根強いですが、音読には大きなデメリットもあります。

私の教え子は英語で二度日本一になるケースもあります。また、慶應大学法学部に約40分時間を余らせて9割得点し、合格しています。慶應大学法学部、文学部、総合政策学部にトリプルで合格したりしているのです。単語の丸暗記から入らないからです。

◉分野別の攻略は後から

英語を分野別に攻略するのは、かなりの実力がついた後にやる方が効果的です。私はこのことを『バケツの穴を塞ぐ』と表現しています。最初から暗記用ツールで覚えこみをすることを試みると、あまりの記憶項目数の多さに多くの人は挫折してしまいます。したがってこれを逆にします。あとから暗記項目をチェックして覚えていないものだけをつぶすというアプローチをとることで覚えるべき対象の記憶項目数を（実質的に覚えてしまっているので）激減させることができます。

受験は合体ロボの様にはなっていない

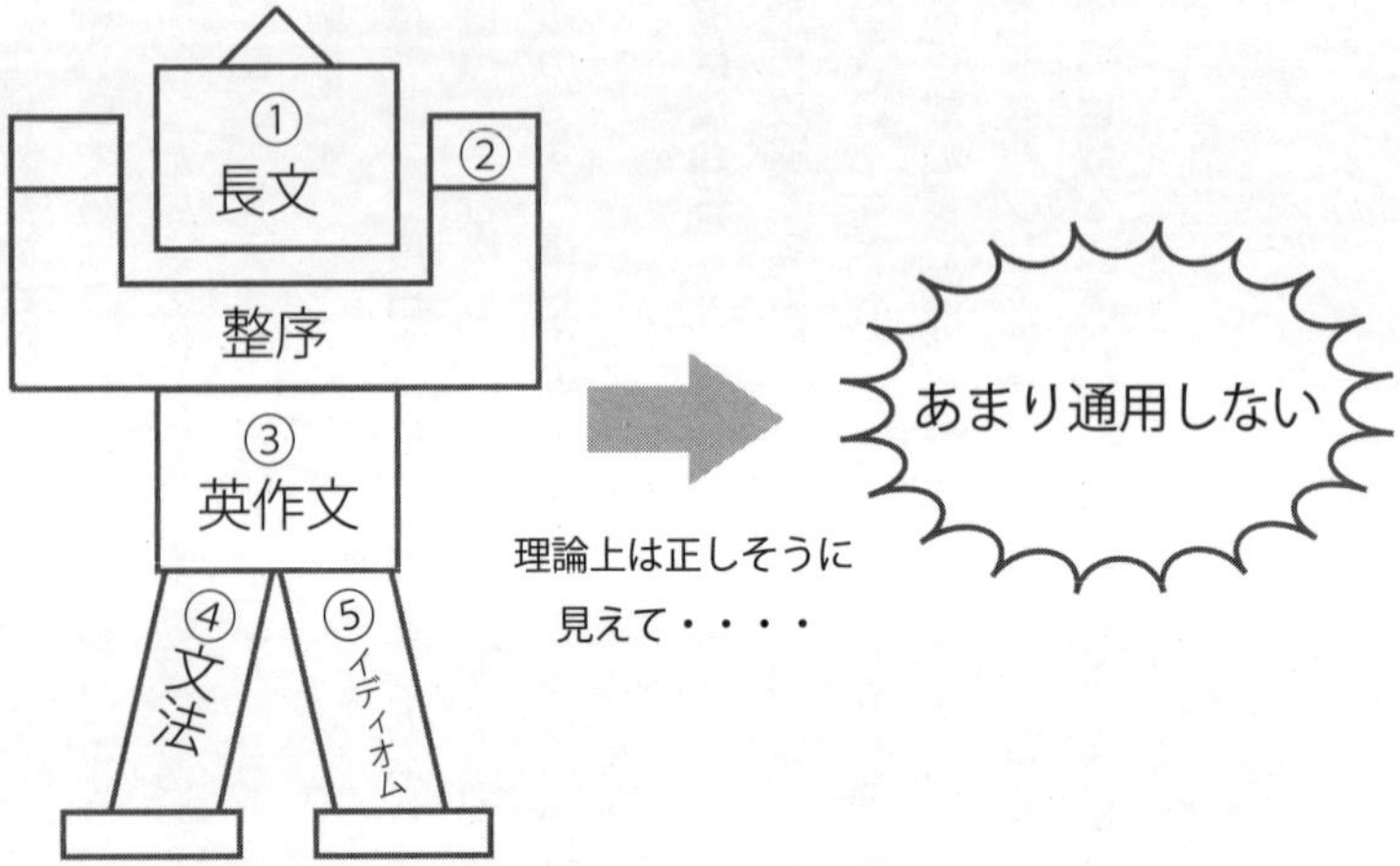

なぜならば、出題形式は物理的パーツではなく
単なる概念にすぎないから。

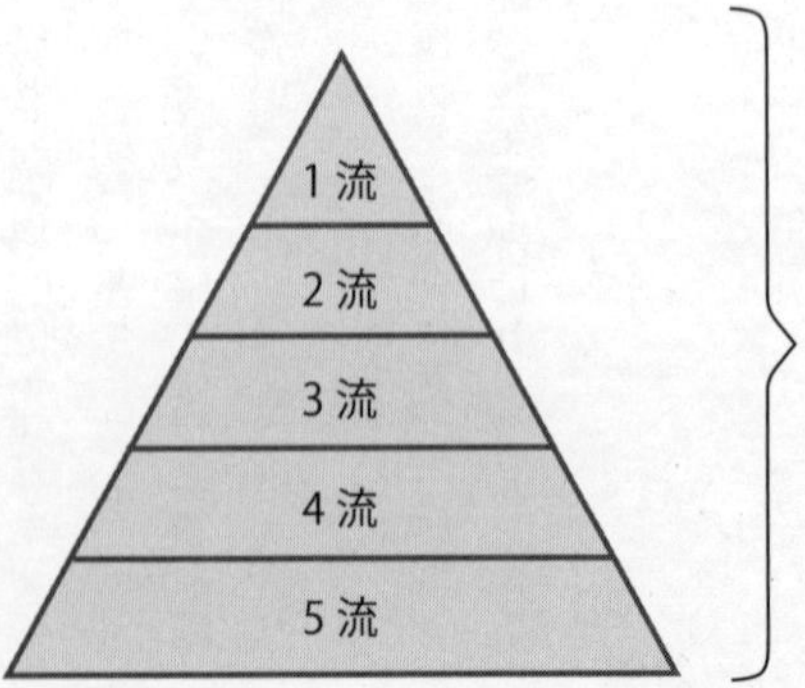

大学側はあなたの英語についての記憶の量と質を様々な出題形式で問うているだけ。逆に言えば、どこを問うてもいいし、どんな出題形式でもよい。

◉失敗する理由は、記憶の質がボロボロになることと記憶量で挫折するため

英語の勉強を単語の丸暗記、熟語の丸暗記、構文の暗記、文法の暗記、英文解釈、そして最後に長文読解……とやると、失敗しやすく、英語の力が身につきにくい理由は大きく二つです。

理由1……記憶の質がボロボロ

このような覚え方は、記憶の質がボロボロです。丸暗記をしているので、例えばcandidateと聞いた時に（ええと……ええと……あっそうだ！　候補者だ）というように思いつき、それを英文に当てはめて読みます。時には逆戻りして、このthat節がここにかかっているから……などと考えていては、試験で時間切れになります。またこのように読む人は理解力が低くなります。頭が常にフル回転して高難度の頭脳課題に取り組んでいる状態になるからです。この状態を避けて、スラスラ読み、スラスラ理解できる頭を作る必要があります。その方法を本書はご紹介します。

理由2……記憶しきれない

毎日勉強を机に向かって10時間以上モリモリ余裕でできる人ならいざ知らず、多くの問題集を見て戦意を喪失する人がほとんどです。記憶しにくい理由は、繰り返しが無いためです。

◉記憶の仕組み（大阪大学大学院に主席合格した私の生徒が重視していた秘訣）

人の記憶は繰り返すことで定着します。多くの人は集中することやがんばることが大切だと考え

ています。しかし現実には違います。

人の頭の中の記憶とは、電気的な回路に変換されて保存されていると言われています。ニューロンと呼ばれるネットワークの中を電気的な信号が走ることによって、記憶がよびさまされ、思い出すことができます。したがって重要なことは、このニューロンのネットワークを頭の中に物理的に作ることです。ニューロンのネットワークができれば、難関私立大学も合格できます。この記憶のネットワークを勉強することで作ることができなければ不合格ということなのです。

ニューロンの神経細胞を軸索と呼び、その先にあるのが、シナプスと呼ばれる細胞です。このシナプスの先から学習時の刺激により神経伝達物質が放出され、その神経伝達物質が受け手側のシナプスの受容体に結合することで刺激が伝達されます。これが記憶の正体です。記憶を定着させるとは、この際の刺激を繰り返し、シナプス間の電気的信号がスムーズに動く状態を作ることを言います。このようにして記憶が作られるメカニズムを側面から支えているもっとも重要な大脳の部位を海馬と言います。あなたがどれだけ望んでも記憶を定着させて思い出せる状態にするかどうかを（実質的に）決めているのは、この海馬と呼ばれる部位です。海馬はあなたが一生懸命にがんばっていれば記憶を残すのではなく、繰り返し脳内に刺激があった情報を記録するように、情報を振り分ける役割を持っています。したがって記憶の急所はこの海馬に記憶を残すように（例えるならば）判断させる学習のアプローチなのです。

私の著作物の『機械的記憶法』（資格試験受験生向け）や『自動記憶勉強法』はこのような脳の

特性を逆手にとり、記憶を定着させる手法を紹介した書籍です。また、私が著した『なぜ人は情報を集めて失敗するのか？　目標達成論』という書籍は、人の脳内の神経細胞のメカニズムがちょうど物理的に時間との関係の中で作られていく仕組みから、スキルアップ（人の成長）についての原理原則を成長の原理として定義した上で、人が失敗を犯さずに成長して目標を達成する法則を説きました。いずれも脳科学の分野を元にしています。ニューロンを成長させることが記憶を定着させることであり、外部から刺激が適切に存在すれば時間と共に物理的にニューロンは神経細胞を活性化させて記憶を根付かせます。そして、その際の学習アプローチの判断によって、その学習の際の効率が決定され、その際に行動を起こすことができるエネルギーとしてのモチベーションによってその行動が支えられています。物理的に物がある地点からある地点に移動する際に必要なのは、エネルギーとベクトルと、スピードです。これとまったく同じように脳内のシナプスがつながり、ニューロンのネットワークが構築される度合いは、①学習効率　②判断（あなたがどのように判断するか）　③モチベーションによって決まります。この中のどれが欠けても、物理的にあなたの脳内のニューロンのネットワークの量は十分に確保されません。だからこそこの3点を最も大切な要素として、核要素と私は名付けました。

受験においてあなたが重視しなければならないのは、①判断　②効率　③やる気の3点であり、この3点が満たされれば放っておいても必ず十分な記憶量が確保されます。

第三章
勉強法の概略

Chapter 3

対策を間違わないから
最短距離を進み
合格しやすくなる

受験には、パーツに分解できるパーツ型の科目とスキル型の科目がある

受験には、記憶パーツに分けることができる暗記科目と、記憶パーツの集まりによって問題が構成される数学などの理数系科目があります。これとは対照的に、言語系の科目である英語や小論文は暗記のパーツによって問題が作られているわけではありません。

言い換えれば、丸暗記では対応しにくいということです。インドネシア語の単語を2000個丸暗記したことを想像してください。それだけで文章を読むことができるでしょうか。できません。その理由は、丸暗記した単語の意味をポコポコと当てはめていき、内容を理解しようとするからです。話すことも聞くこともできないのです。

スキル型の科目である英語でも、文法問題などは、丸暗記です。したがって丸暗記で対応できるところもあるのですが、原則としては、丸暗記だけでは試験に合格しないという考え方が大切です。

便宜的にパーツ科目と、スキル科目という名前をつけてみましょう。それぞれの科目を左のページに分類しておきました。

パーツ科目とスキル科目

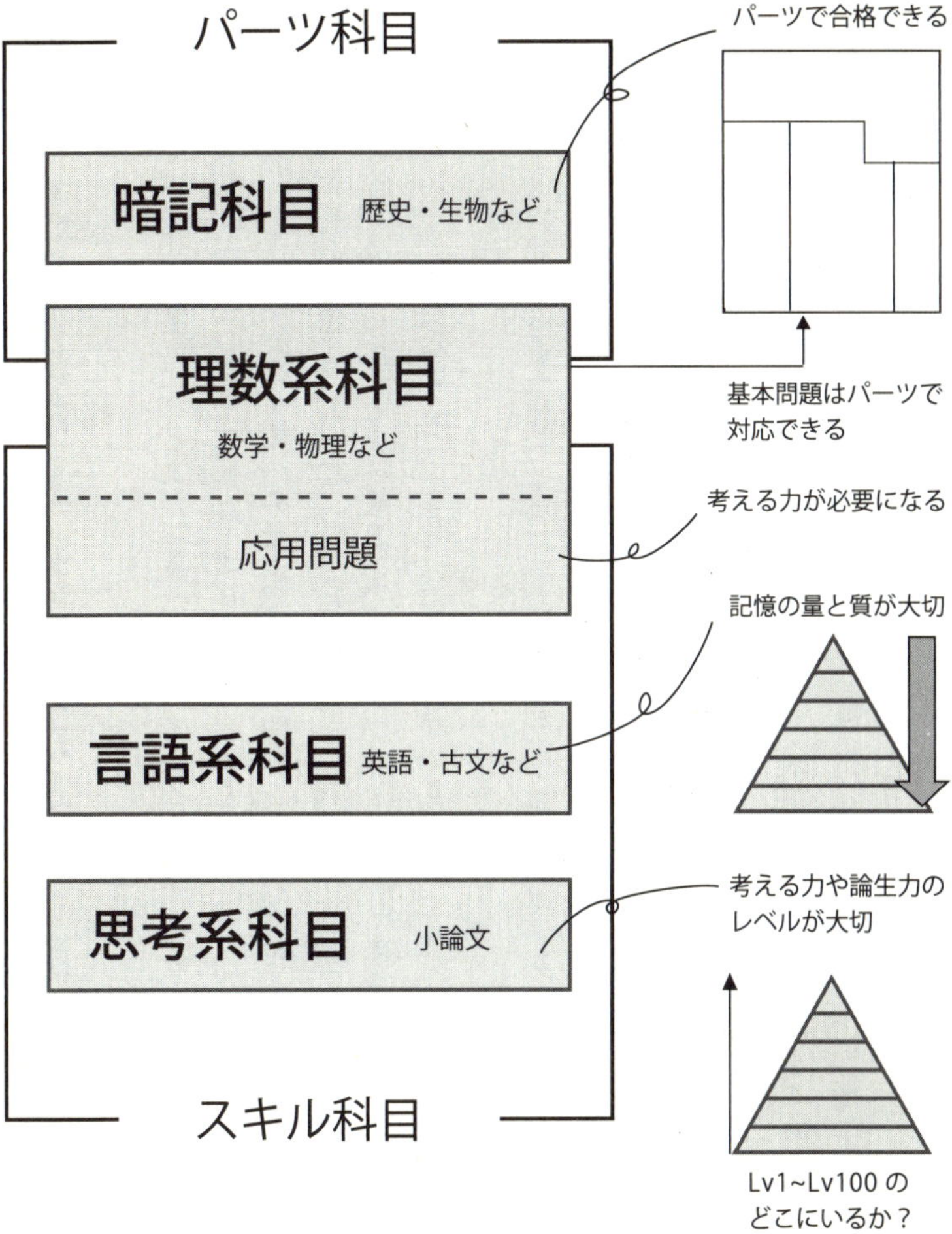
パーツ科目
暗記科目
歴史・生物など
理数系科目
数学・物理など
応用問題
言語系科目
英語・古文など
思考系科目
小論文
スキル科目
パーツで合格できる
基本問題はパーツで
対応できる
考える力が必要になる
記憶の量と質が大切
考える力や論生力の
レベルが大切
Lv1~Lv100 の
どこにいるか？

英語の基礎は文法ではなく、基本的な英語を聞くこと

英語に関していえば、英単語を覚えることが基礎だと思っている人が多いのですが、英単語を覚えることや基本的な文法が基礎ではありません。考えてもみてください。アメリカの赤ん坊はそんなことをやっていません。まずは英語を英語のまま部分的に理解して、記憶することから入っているのです。赤子は関係代名詞を教えてもらっているわけでもなければ、過去完了を教えてもらっているわけでもありません。日本では英文法が基礎で、アメリカでは英文法は基礎ではないという主張もあるかもしれませんが、おかしいことにすぐに気づくはずです。

問題は程度の問題です。第二言語を習得するには、第一言語である日本語をとっかかりとして、文法事項をおさえることは有効であることは研究で分かっています。だからといって、文法を完璧にするというよく分からない定性的な考えで、文法問題集をやることがいいわけではないのです。そんな研究はありません。

文法には、読む文法と、文法問題を解く文法があります。まず研究によって分かっているのは、読むための文法を利用して、英語を理解することが言語学習において有効だということです。

したがって読むための文法は一定程度やってOKです。その後に、ここに記載した順番で学習すればいいのです。英語の基本は、文法ではなく、英語を聞くことができるようになることです。人はいかにして言語を習得するのかについてはさまざまな仮説が立てられてきました。その中にはインプットによって習得が可能になるというものや、アウトプットによって習得が可能になるというものまでさまざまなものがあります。言語習得についての研究は幅広いので、さまざまな研究の条件を受験にあてはめて考える必要があります。

～第一の理由　学習の波及効果～

英語を聞くという学習は、音読や書く学習よりもはるかに学習効果が高いことが分かっています。そして他の能力にも派生しやすい学習のアプローチであることも分かっています。つまり、言い換えれば学習効率がいいということです。

～第二の理由　定着力～

人間の記憶は、短期的に記憶を保存する短期記憶と呼ばれる領域から長期的に記憶できる長期記憶という領域があります。短期記憶というのは、短期的にしか保存できない記憶のことです。長期的には保存できないので、覚えたものを人間は1日で約80％忘れていきます。したがってこの短期記憶から効果的に長期記憶と呼ばれる記憶領域に情報を移していくことをしなければなりません。聞く学習はこの時に抜群の効果を発揮します。その理由は、記憶事項を定着させるには、繰り返しが重要だからです。勉強には復習が重要であることは皆さんご存知のことだと思いますが、重要なことは復習をいかに行うかです。ここまでに述べた仕組みを、単に知っていることと、学習過程の1年間を記憶に残るように設計できることは意味がまったく違います。知っていることには意味がありません。できることに価値があるのです。

よくあるのは、基本的な力がついていない段階で、文法の問題集をやり、用語の暗記もままならないので、嫌になり、英語が嫌いになってしまうというパターンです。英語の勉強をするのに、英語を読めないことがすでに問題なのです。まずは英語を読めるようになってしまえば、この問題は解決します。英語がスラスラ読むことができるようになってから、英語の問題集をやればサクサク進みます。

最後に赤本をやります。赤本は実力がついてからでもOKですが、早めに見ておくことをオススメします。その理由は、勉強することが目的になってしまう人がいるからです。とりあえず勉強をしていればいつの日か、赤本を解くことができるようになって、合格できるかもしれないと考えるのはやめましょう。そういう人は問題形式を知らないので、手書きで何度も単語を書いたり、意味を10個くらい覚えようとしてしまいがちです。要領が悪いと非効率的な勉強をしてしまいます。

サンドイッチ方式で特殊性に対応する

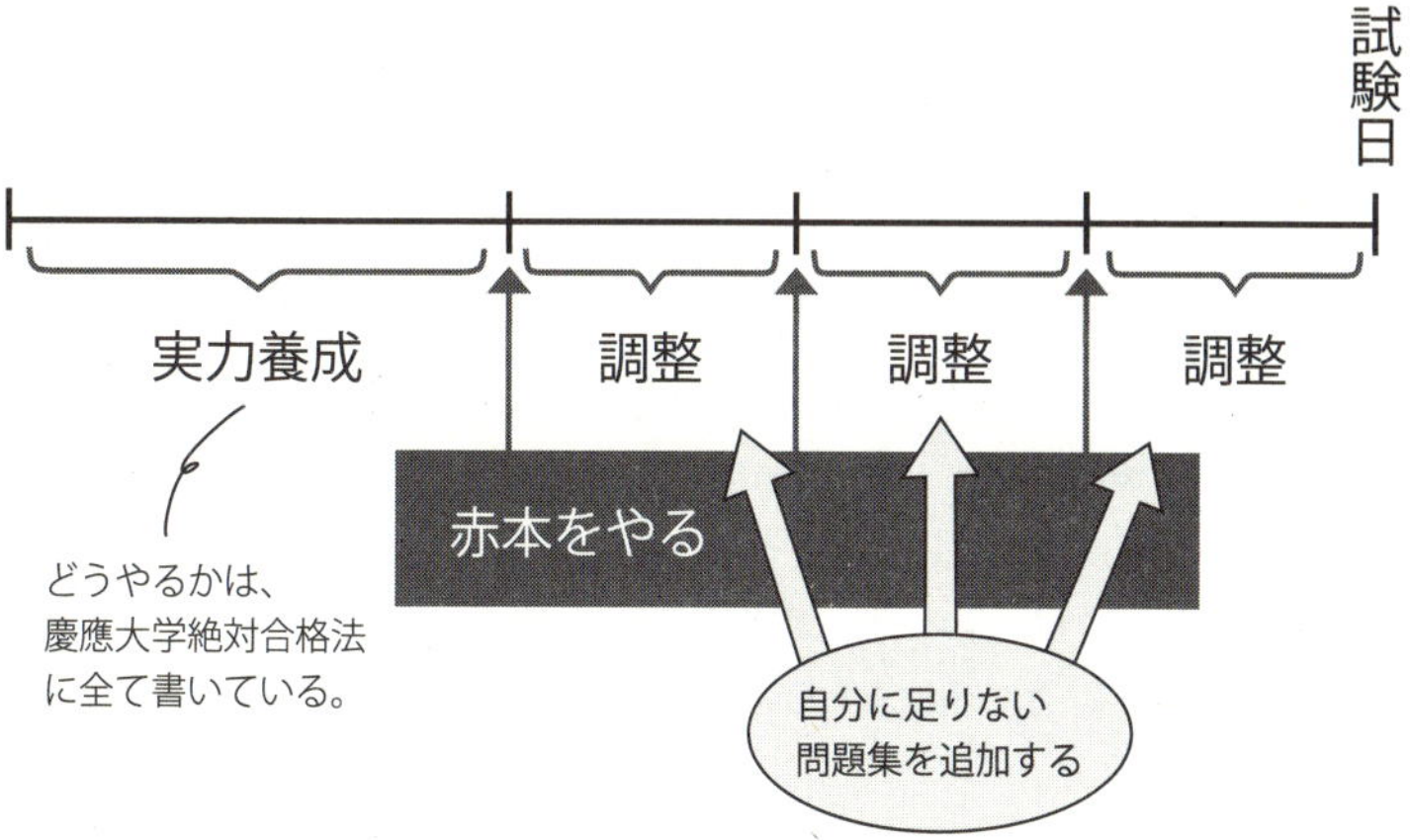
試験日
実力養成
調整
調整
調整
赤本をやる
どうやるかは、
慶應大学絶対合格法
に全て書いている。
自分に足りない
問題集を追加する

人間は同じカリキュラムで、同じようには育たない。
あなたの学校のクラスメートは同じカリキュラムで
同じ点数だったか？違ったハズ。

⇩

重要なのはカリキュラムよりも学習スキル

目に見える表面上の情報に振り回されるべからず

出題傾向を分析すれば対応できるという考えがあります。これは本当でしょうか。少しだけは対応能力が上がりますが、出題傾向を知ったからと言って、対応できるわけではありません。その理由は、受験で見られるのは、答えを知っているかどうかだけではなく、スキルも含まれるからです。

例えば、脱原発論が出るということが分かったとしましょう。あなたは小論文試験で脱原発論が出ると分かっている試験で何点取れるでしょうか。もしかして、脱原発論についての正解があると思っていませんか？　これは小論文試験に関する典型的でかつ、基本的な間違いです。小論文で見られているのは思考過程であり、答えではありません。小論文試験で科目負担が減ると勘違いしている人は覚えていれば対応できると思っています。走り幅とびは、飛び方を知っていれば飛べるわけではないのと同じく、スキルのレベルを見られる小論文試験では、書く内容を覚えていても点数は伸びにくいのです。スキル科目（小論文）とパーツ科目（暗記科目）の違いです。

英語も同じです。どの分野が出るかが分かっていても、制限時間内に問題を解き切る速読力や、読解力が無ければ、意味がありません。パーツを最後に合体させるように、全体の力が設計されるかのような学習アプローチは、世の中の99％の受験生がやっているアプローチですが、あまり効果的とは言えないのです。逆に言えば、ここにチャンスがあります。

実力が無ければ、小論文は出る問題が分かっていても合格できない

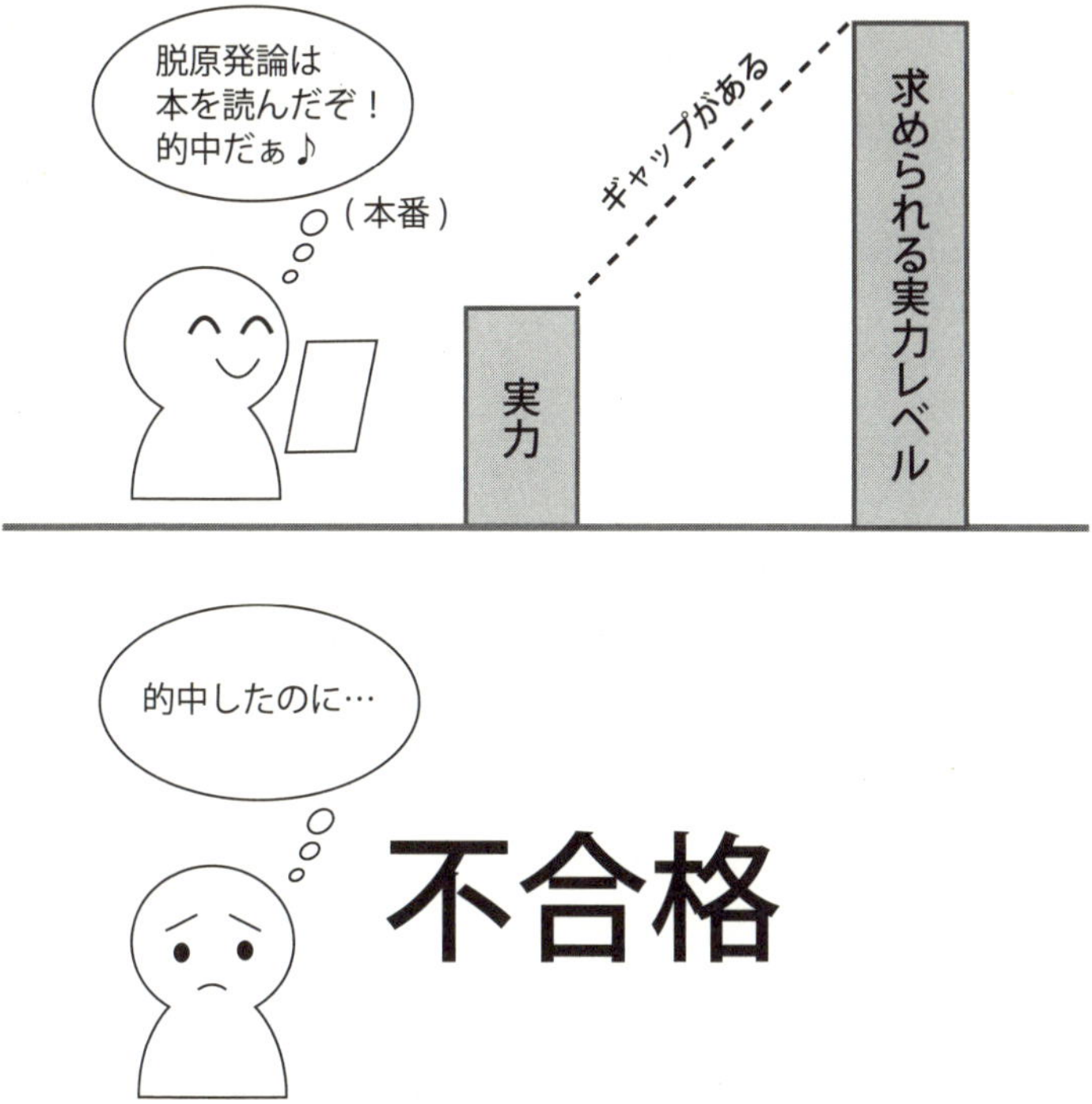

形式や学部別、大学別があるというのは受験産業の論理

出題傾向を分析することは、言うまでもなく重要です。しかし、出題傾向が違うので、別の勉強が大事というのは、言いすぎです。論理に飛躍があります。あくまでも実力養成期までは、効率よく学力を向上させることが大切です。大学別、学部別の対策は最後に行いましょう。

大学側が見たいのは、読解力や思考力、頭の回転の速さやロジカルシンキングの力です。形式にばかり目を奪われていると、形式に合わせた勉強をすれば点数が高いと思い込んでしまいます。長文の問題集はもっとも点数が伸びにくい問題集の一つですが、長文が出るので、長文の問題集をやると考えると失敗しやすくなります。

長文の問題集をやっても力が伸びにくい理由はシステマチックに復習しにくいからです。長文の問題集をずっと復習するのであれば、それなりに力はつきますが、あれこれやるのは愚の骨頂です。そもそも長文の問題集など1冊もやらなくてもいいのです。赤本などの過去問題をやれば十分です。長文問題集を使わなくてもいい理由は、長文問題集以外のツールの方がより一層記憶のための復習をやりやすいからです。

形式に対応するのではなく、量（質）と見たい能力に対応するのが正解

記憶の量（質）

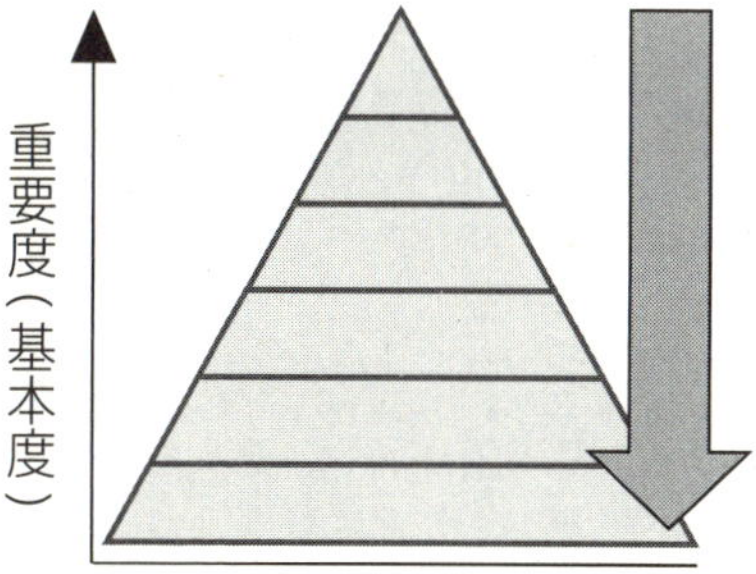

早慶の英単語などというものに振り回されず、重要度（基本度）が高いものから人より多く圧倒的に記憶を作っている人が最も試験に対応できる。

見たい能力

これらの能力を見るのに都合がいい出題形式が存在しているだけ。

- 読解力
- ロジカルシンキング
- 思考力
- アウトプット能力
- 頭の回転の速さ

カコモンを使う理由の１つはこれらの能力の程度を知り、対応できる様に練習することにある。

×カコモンで記憶するのは間違い。

基本戦略

まずは圧倒的な再認識記憶量を作る

傾向に振り回されると合格できなくなる

出題傾向に合わせた対策をすることで合格できると思い込んでいる人がいますが、注意が必要です。出題傾向は言うまでもなく重要です。特に数学や歴史では重要です。その理由は出るモノが分かっていれば問題を解くことができるからです。

しかし、英語や小論文は出題傾向が分かっても必ずしも点を取ることができません。例えば自由英作文では、論理的に考えることができなければ、点数を得にくい出題となることが多いです。また、小論文試験では、出題されるテーマが仮に分かっていても点数を取ることができません。

例えば脱原発論が出題されるとします。知識はあっても、書くことができない人はたくさんいます。これも暗記型科目（パーツ科目）とスキル型科目（小論文など）の違いです。重要なことは、どのような能力（コアコンピタンス）を求められているかです。大学は知識がある人だけを必ずしも欲していません。有能な人を入学させたいのです。英単語を完璧に覚えたのに英語が読めなくて困る学生が多いですが、これもスキル不足です。読解力でも点が決まっているという認識が大切です。左の図と同じように英語が読めないという表面の問題に対して英単語を覚えるという対策をしても、英語は読めるようにならないことがあるということです。

表面上の問題ではなく本質的な問題に対処する

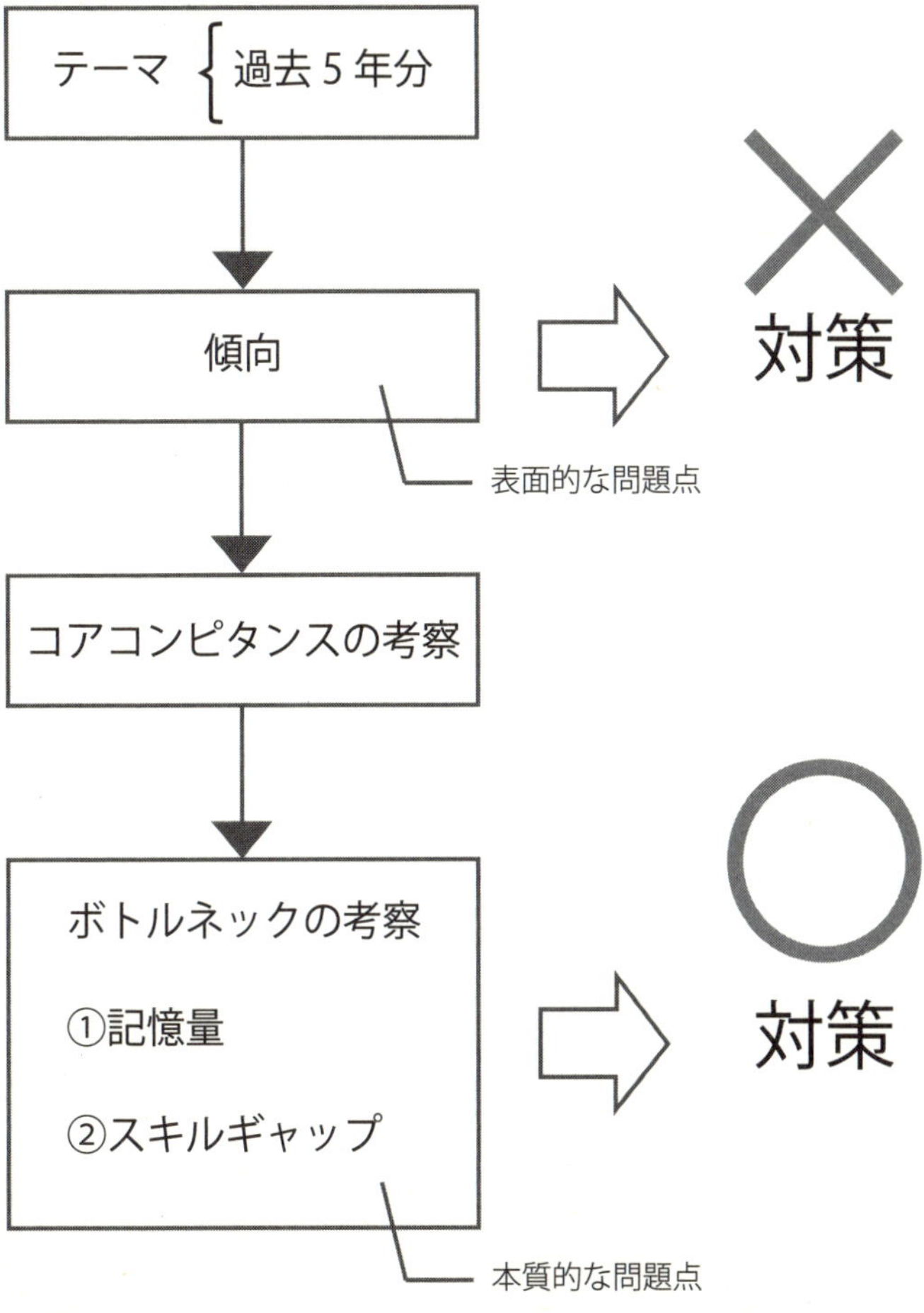

省エネ受験ができるという『スケベ心』をつつかれた経験はありませんか？

早稲田・慶應対策では、二言目には省エネ受験理論が説かれます。その際に真っ先に挙げられるのは、慶應大学経済学部と相場は決まっており、歴史の科目で1600年以降は（ほぼ）出ないというものです。

「したがって学部別の対策が有効となり、ここを戦略的にやっていくことで合格できるので、うちの塾に入ればいいよ」というところまでがワンセットになっているのがパターンです。

これは本当でしょうか。実質的には、少なくとも合格する可能性がある受験生については、経済学部の歴史の特色は知っているので、その情報では、差別化できません。ハッキリとこの問題が出るということまで指摘できれば情報に価値はあるかもしれませんが、それは裏口入学になります。

また、論拠の部分の学部別の対策が有効であるというものも、本当かどうかは分かりません。大学別や学部別の対策が存在するので、それぞれを分けて考える必要があるというのは、一見するともっともらしいのですが、どこまで本当かと言われれば、疑問を持たざるを得ません。

最初に特殊性に対応しようとする勉強法は危険

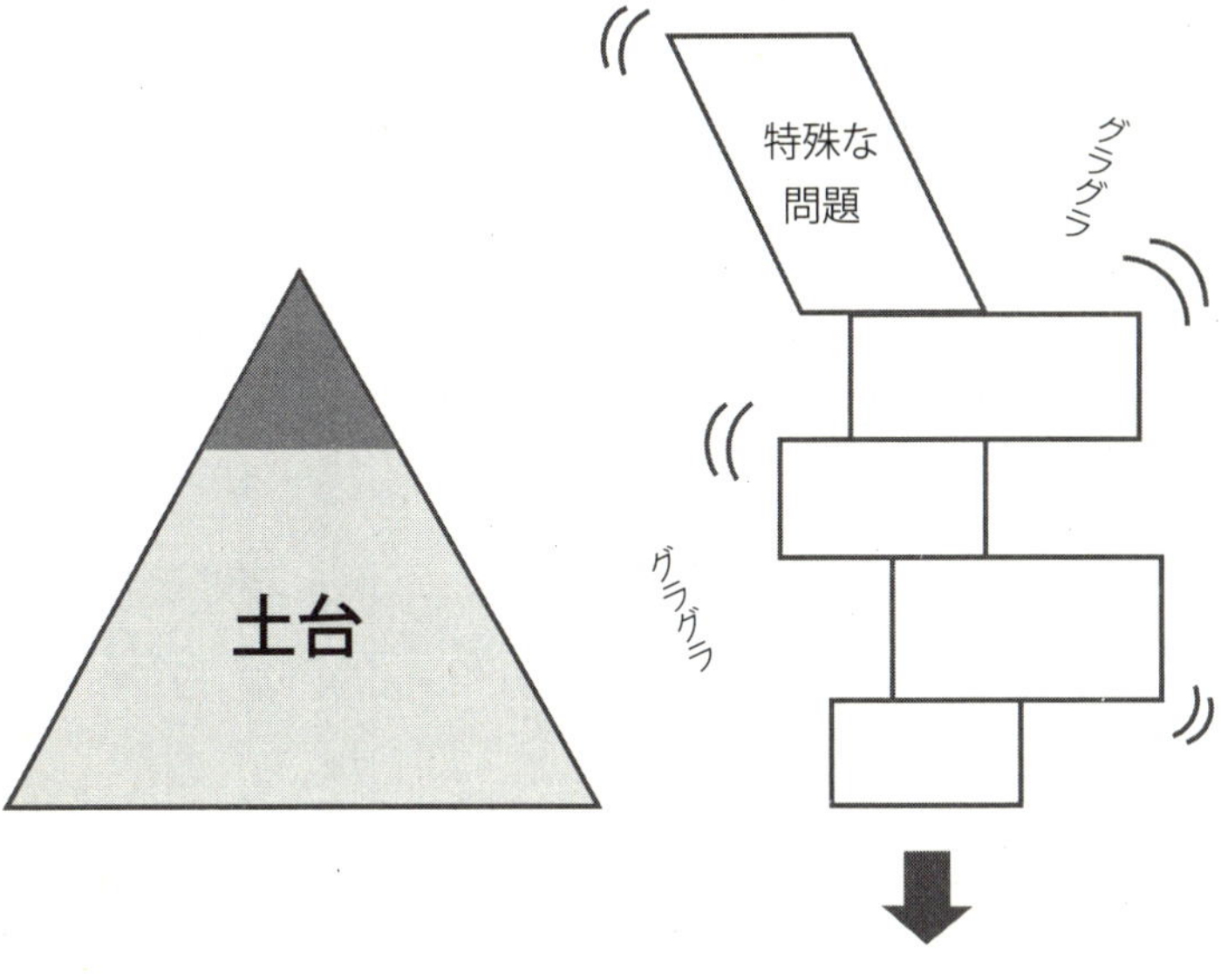

英語の実力がついていないので、
結局点がとれない

長文が出るので、長文の問題集をやる…
と考えるのが不合格になる受験生に
一番多いパターン

つまりこれらの言説の何がまずいかというと、ボリュームについての事実が欠けていることです。出題傾向とは、出題形式のことなのか、出題形式の場合は、何項目あるのか？　という具体的な部分こそがあなたの合格に関係があります。英作文という出題傾向に対しては、何項目覚えることで対応できるのか、あるいは、文法問題であれば、何項目追加で覚えることで点数が安定するのか？ということこそが大事です。今後は出題傾向について考える際には、何項目の記憶を何時間で処理できる話なのか？　と考えましょう。200項目であれば、モノにもよりますが、1〜3日で処理できることも珍しくはありません。

慶應の法学部で9割取ることができる受験生が早稲田のどこかの学部で6割以下になるとか、その逆に早稲田の政治経済で9割取ることができる人が慶應のどこかの学部で5割になるということは考えにくいのです。

省エネ受験ができるという情報で合格できない理由は、他の受験生も知っていることが取り上げられているということ以外では、他の受験生のレベルが高いからという理由があります。

そもそも受験は競争試験です。したがって慶應の経済であれば、かなりの程度英語や数学や歴史ができるライバルとの戦いになります。皆経済学部に合格したいのです。

単純に彼ら以上に学力が無ければならないということです。したがって省エネで受験して合格できるというのは、幻想に過ぎないのです。

ここまで書くと少しがっかりした気持ちになった人もいるかもしれません。勉強しなくても合格できるようなことをあたかも事実のように話されることで心がうきうきしていた人にはガックリくる事実かもしれません。

あなたは受験の近道だと思っていたものを見失ったのではありません。逆に近道に見えていた落とし穴に気づくことができたと考えてほしいのです。一番がっかりするのは、不合格になることです。あなたは本書を読んでいます。本書を読んでいるということは、本書の内容を理解できない人と、本書を読んでいない人よりも圧倒的に受験攻略のための急所を知っているということです。本書をすべての早稲田、慶應受験生が知っているわけではないでしょう。ですから逆に言えば、これはチャンスです。

重要なことをもう一度確認しておきましょう。何をやるかで合格は決まっていません。どれだけ覚えるかで決まっています。したがって何をやるべきかばかりを気にしている人は、その時点で合格は遠のいていいます。何をやるべきかを教えてもらっている時点でまずいのです。重要なことは、どうやって、どれだけ覚えるかです。

受験は、覚え方で半分以上勝負がつきます。その理由はここまででお話したように、記憶量で合格が決まるからです。どうやって覚えるべきかにエネルギーを注ぎましょう。記憶方法の詳細については、『慶應大学絶対合格法』に続き、本書でも解説します。

何をやるかではなく、どれだけ覚えるかで勝負は決まっている

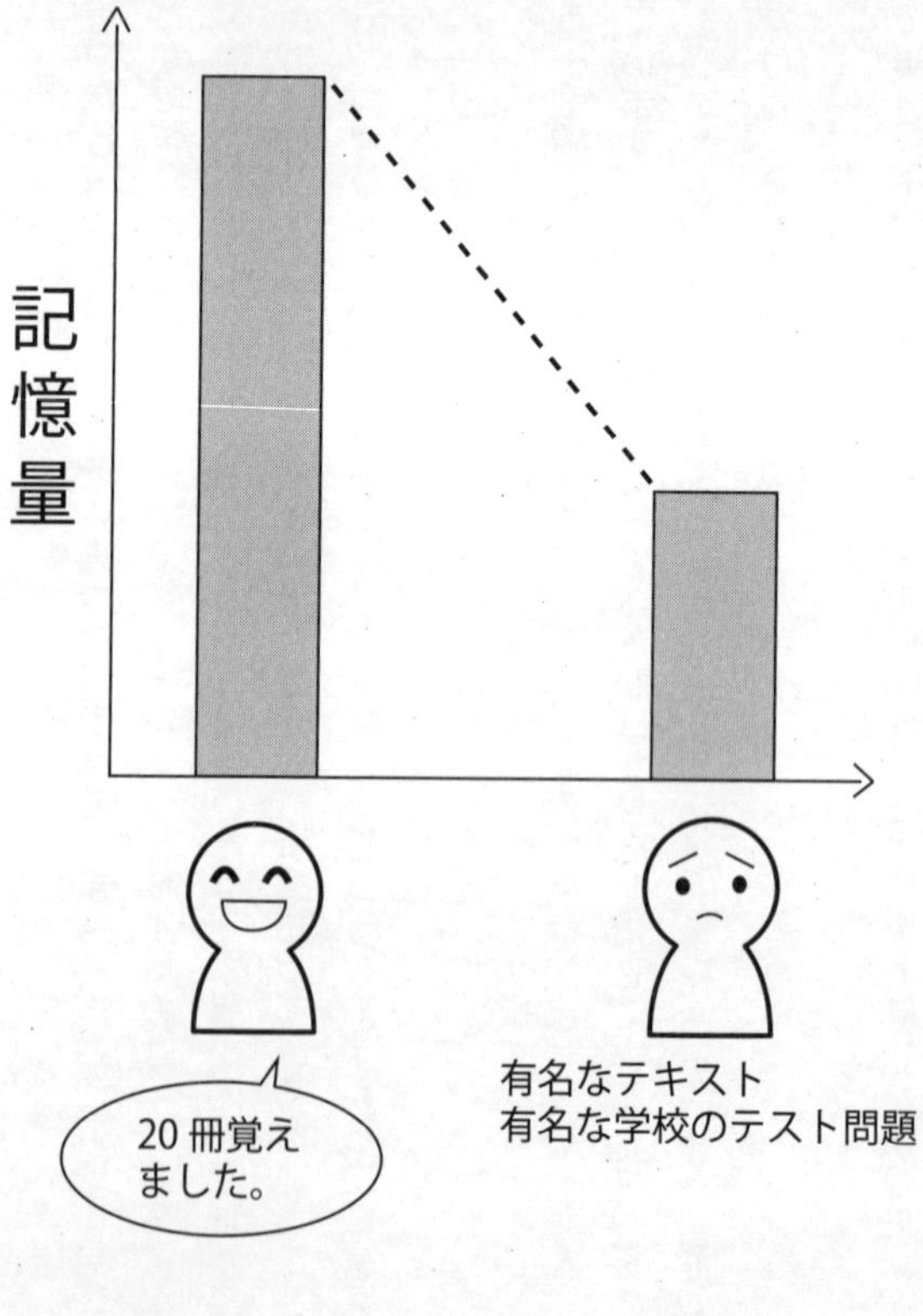

困難性は何か？　と考えれば合格しやすい

合格しやすい考え方は、受験の困難性に注目する考え方です。受験は点で合格が決まります。したがって点を取る際に何が困難かという問題と、あなたの合格はダイレクトなつながりがあります。影響力が大きいということは、困難性の攻略は受験における急所だということです。

そもそも、大学は優秀な生徒が欲しいだけです。クルクルと受験産業の側で対策が講じられているだけです。大学側は受験産業に応じて受験産業に合わせて問題を作っているわけではありません。受験産業の側が大学に合わせているのです。２０１３年の慶應大学総合政策学部で数独の問題が数学で出題されました。このことに対して予備校業界のある講師は『生徒の努力が反映されにくくなってしまう。大学は生徒の努力を計測できる問題を作ってほしい』などと言ったそうです。見当違いも甚だしいとはこのことです。一体全体なぜ大学が予備校業界の傾向に合わせた問題を作らなければならないのでしょうか。もともと頭がいい生徒を採用しようが、努力した生徒を採用しようがそんなことは大学側の勝手です。努力を重視する学部もあれば、地頭を重視する学部もあります。どちらにもそれなりの生徒が集まるでしょう。大学側は単純に優秀な生徒が欲しいだけなのです。

受験の問題を見る時には大学側がどのような能力の生徒を欲して、どのような困難性をそこに用意しようとしているのかに注目しましょう。単に傾向だけを見てもこのようなことは分かりません。生徒の何を試す問題であり、どのような困難性が発生しているのかを見れば、それだけ合格しやすくなります。

本書では各学部の困難性を解説します。困難性の定義もなく、単に参考書をこなしても、有効な対策にはなりません。困難性こそが、点数にダイレクトに影響する部分です。まったく関係のない力を強化するような慶應対策もよく語られますが、困難性の定義なしに参考書を薦めるのは、単なる勘です。憶測に基づく受験対策をしないように気をつけましょう。事実に基づく受験対策が重要です。

重要なのは傾向ではなく困難性

表面的に見える部分に目を奪われるな！

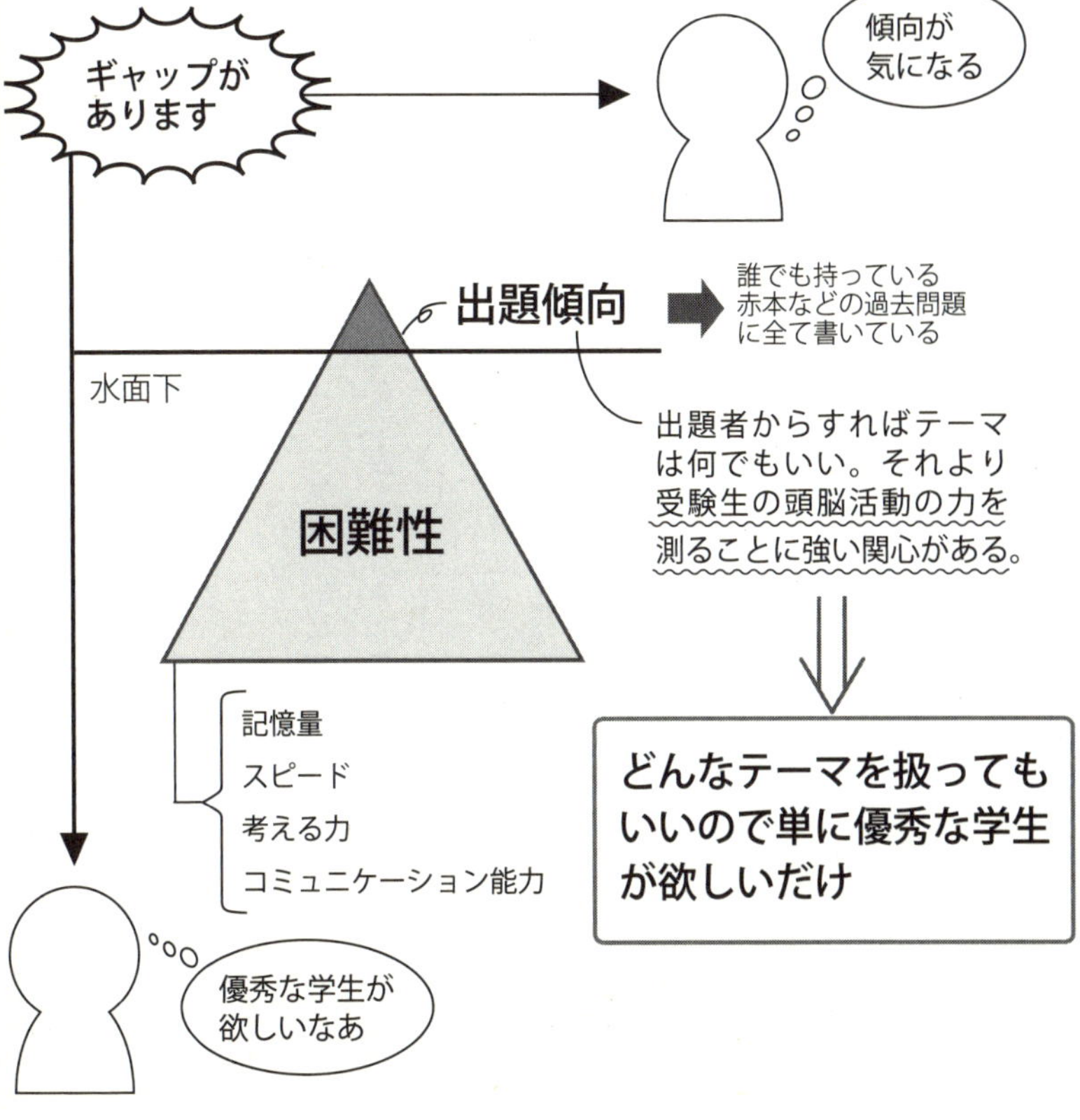
ギャップがあります
傾向が気になる
出題傾向
誰でも持っている赤本などの過去問題に全て書いている
水面下
出題者からすればテーマは何でもいい。それより受験生の頭脳活動の力を測ることに強い関心がある。
困難性
記憶量
スピード
考える力
コミュニケーション能力
どんなテーマを扱ってもいいので単に優秀な学生が欲しいだけ
優秀な学生が欲しいなあ

大学側が見たいのは、カンペを見る力ではない

大学が欲しがっているのは優秀な人材です。何も考えずに、ここが出ると言われたところを覚えてくる人ではありません。

あなたが学長だったら、カンペを見て突破できるような試験を用意するでしょうか。しないはずです。早稲田大学も慶應大学も優秀な人材を欲しています。大学側はあの手この手で単にピンポイントで覚えてきただけの生徒を落とすでしょう。英語についていえば、論理的に読み解くことができるかどうかを問うたり、スピードを試すでしょう。頭の回転の速さを見て、てきぱき問題を処理する力がある人を見るように設計するでしょう。幅広くたくさん勉強して、記憶量が多いだけではなく、記憶の質がいい人を合格させるでしょう。小論文では、考える力を見るでしょう。論理的に文章を読解する力を見て、論理構造をしっかりと把握したうえで、論点を明確にして論述できる人を合格させるでしょう。カンペに書いてあることをオウムのように言うだけの何も考えない人よりも、自分の頭でトコトン考える人を採用したいと思うでしょう。

「ここが出る」など、(できれば)ゆめゆめ思わないことです。それよりも適応能力を引き上げましょう。どのような問題が出ても対処できる力を引き上げるということです。問題を解く力であり、考える力です。リーズニングと呼ばれる作業や読解のためのアプローチを改善していくと点数を取りやすくなります。学術的な検証作業が済んでいることをやりましょう。

大学側が見たいのは実力であって カンペを見る力ではない

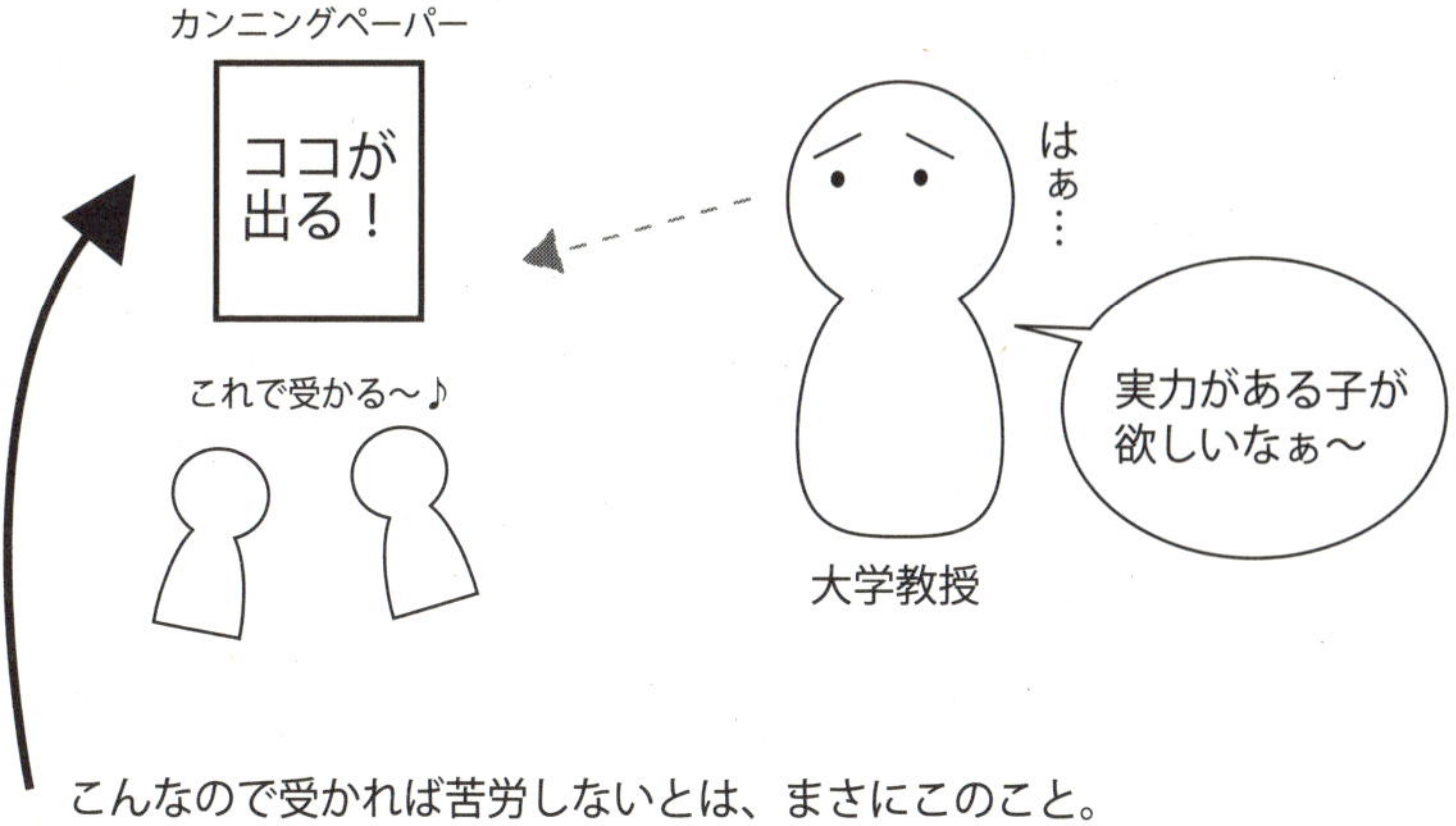
カンニングペーパー
ココが出る！
これで受かる～♪
はぁ…
実力がある子が欲しいなぁ～
大学教授

こんなので受かれば苦労しないとは、まさにこのこと。
こんなので合格させていたら、大学には実力がある人は入学しなくなる。

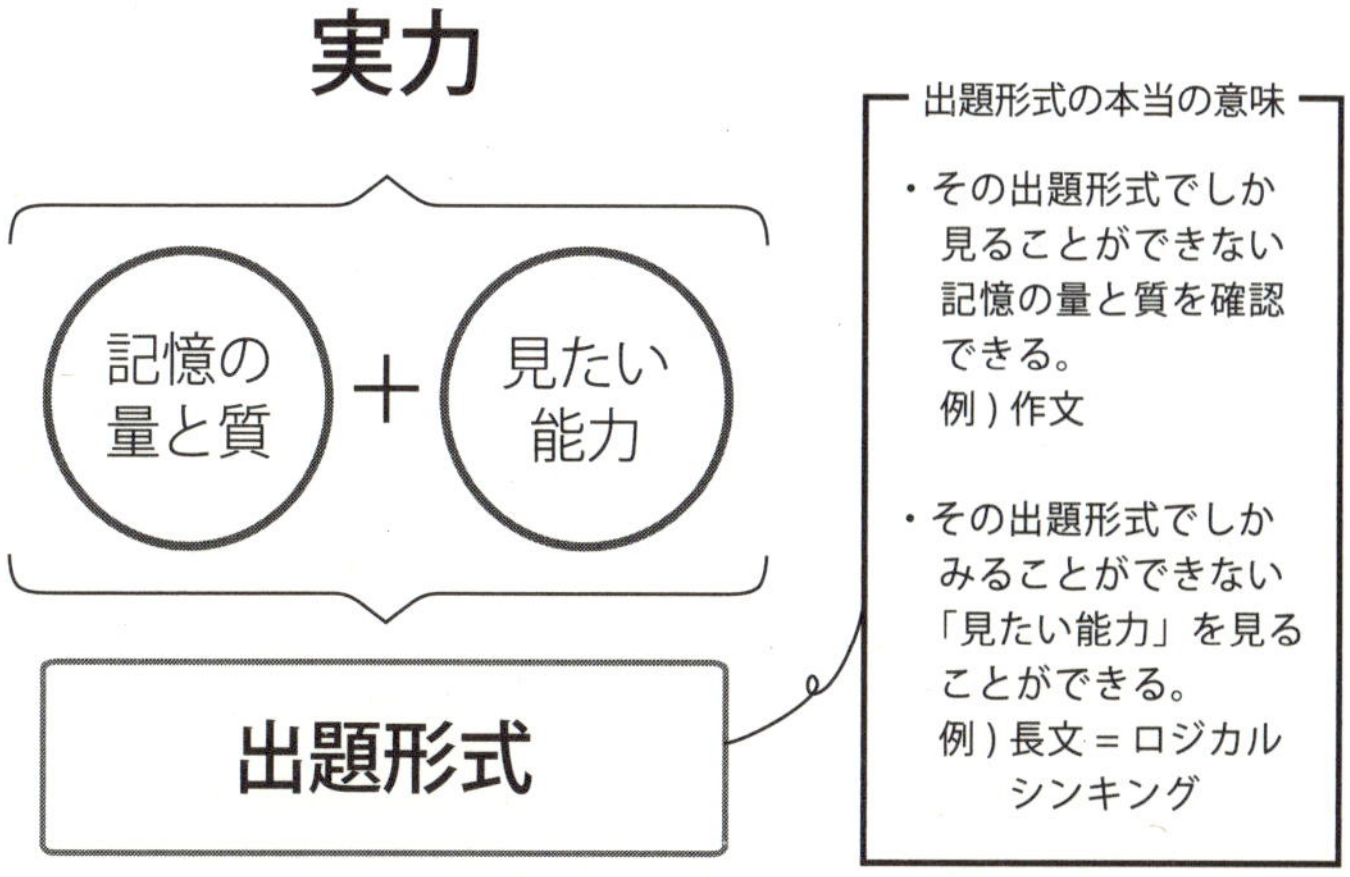
実力
記憶の量と質
＋
見たい能力
出題形式
出題形式の本当の意味
・その出題形式でしか見ることができない記憶の量と質を確認できる。
例）作文
・その出題形式でしかみることができない「見たい能力」を見ることができる。
例）長文＝ロジカルシンキング

併願するのと絞るのでは、どちらが合格確率が上がるか

大学受験で併願数を増やすか、絞り込んで対策を強化するかは、難しい問題の一つです。

結論から言えば、自分の実力を見極めて、一つの学部に合格する力が養成できた後に併願先の合格率も上がるように対策を施すのがもっとも合格率が高くなります。

したがって、まずはコアとなる急所にフォーカスして記憶量を引き上げ、あとは別のスキルを計測しながら、他の学部の合格可能性を探ります。記憶量や記憶の質以外の能力が大幅に要求されやすい学部を受験する場合は、それらの能力を計測しながら、併願戦略を策定していきます。

そのようにする理由は単純です。配点比率を無視するのは、不合格への道だからです。分散して併願するほうがいいか、フォーカスして単願にするほうがいいかは、どれだけの点数を取れるかで決まります。その意味で、もっとも大きな判断基準は、早稲田の場合は現代文、慶應の場合は小論文でどれだけの点数が取れるかです。またどれくらいの確率で点数が上がるのかです。

どれくらい小論文で成長する可能性があるかどうかは、添削を5回ほど受ければだいたい分かります。人は成長する生き物ですから、5年以上先は分かりませんが、向こう3年くらいまでは予測がつく場合もあります。微妙なラインに乗っている人、まだまだ伸びる可能性がある人もいますが、多くの場合、ハッキリと見分けがつきます。

フォーカス(集中)が最強ではなく
フォーカス×シナジーが最強

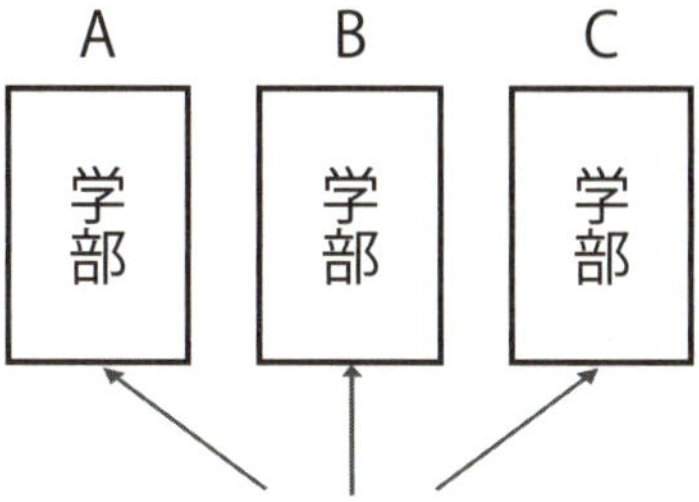

併願すれば確率計算上、確実に合格率は高まる。

時間があるならば、力を集中して少ない科目に
集めつつ併願しよう。

それぞれの学部にちょっとの＋αで
適応することができる。

単なるフォーカスでは合格率 50% だったとしても、
併願すれば 80% 以上の合格率を目指すことができる。
(本書で解説しているアプローチで勉強した場合の話です)

小論文がかなりの程度戦略策定の際に重要な判断基準になり得る

よくあるのは、慶應の経済を目指していたけれども、やっぱり止めて慶應SFCを目指すというものです。歴史の科目の仕上がりが良くないので、科目数を減らせば何とかなるのではないかという目算から選択することが多い選択肢なのですが、多くのケースでこういう対策は失敗に終わります。その理由は小論文です。小論文が書けるようになっていないと、逆に不合格の確率がアップしてしまいます。慶應の経済に合格する可能性が0ではないのに、捨ててしまうと、それだけ併願のチャンスが減るからです。科目数が減って簡単になっているかどうかは、その人の小論文の実力次第です。

・小論文の実力が無い場合……もともと慶應SFCには合格しないので単に合格チャンスが減るだけ。
・小論文の実力がある場合……投資する時間を分散しないことで合格率がアップ。

このようになります。他の本でも紹介したことがありますが、慶應の文系ほぼ全部と、一橋大学に合格しているのに、慶應SFCだけ二つとも落ちるという事例もあります。学力に関係ないのが小論文試験なのです。

その他よくある選択肢では、慶應法学部と慶應経済を受験するけれども併願すべきか、絞り込んで勝負をかけるかどちらにすべきかという悩みです。これも大きな判断基準は小論文の実力です。

・小論文の実力が無い場合……慶應経済に絞り込んだ方がいい。
・小論文の実力がある場合……両方受験することで慶應法学部と慶應経済にどちらかに合格する確率UP。

小論文は関係ないとか、小論文はあまり気にしないでいいというのは、多くの場合、受験産業の言説か、（自分のセンスの良さに気づいていない）慶應経済出身者の言です。言うまでもありませんが、小論文は重要です。私がこのように述べる根拠は二つあります。

・（文）・（法）は配点が100点ある。
・小論文の平均点はせいぜい50点程度であり、言い換えれば極端に差がつく。

まとめると、配点が大きく、差がつく科目になっているということです。ここまで事実です。大学公開のデータを元にしています。小論文はセンスも非常に影響します。あなたが進学校であるかどうかは関係がありません。進学校だという自信があるので、小論文も書けるに決まっていると思うかもしれませんが、これが意外にそうではないところが小論文試験の怖いところです。

ここまでのことをどう捉えるかは特に法学部志望者には大きなポイントです。努力で突破できる大学に変更するのも手ですし、厳しいからこそ限界まで小論文を引き上げたい、絶対に慶應以外の法学部に進学したくないという人も中にはいるでしょう。冷静に考えましょう。

受験は点で決まっています。

点数でしか受験の合否は決まっていません。それがペーパーテストです。配点は何点ありますか？小論文を軽視したり、小論文の月並みな対策をすることがどういう意味かを考えてみましょう。慶應大学法学部のキャリアの意味や人気や母集団のレベルの高さを考えてみましょう。何年も私立文系専願で絶対に慶應法学部に合格したいと考えている人がたくさんいるのです。多くの法学部受験生を見てそう確信しました。多くの受験生は甘い考えでいたり、ライバルをなめていたり、大丈夫かなと考えてしまっているのです。何が大丈夫なのかを考えなければなりません。慶應法学部が難しいと皆が思っています。しかし対策については大丈夫かなぁと考えているのです。意味が分かりません。

大丈夫ではありません。

早稲田の政経と慶應法学部を受験する人は、特に気合を入れまくって受験しましょう。1%でも合格確率を上げたいと真剣に思っている人を私はサポートしたいと考えています。そのため、安易な省エネ受験やお手軽対策の類はやりません。徹底したスパルタ式の小論文で、どこまでも小論文の論述力を鍛えあげ、他のライバル受験生の3倍の学習量、3倍の効率を目指します。私がガチンコでどれだけ今までに慶應対策の受験をやってきたかは、私の本を見れば分かるはずです。真剣な手紙をもらったこともあります。長い手紙をもらって、『僕を慶應大学法学部に絶対合格させてください』というメッセージを受け取ったこともあります。

直球のストレートでメッセージを受け取ったら、直球のストレートで返すのが私の主義です。そのため、ここに書きました。

理解のし過ぎに注意

授業を聞きすぎると不合格になるという言説は最近増えてきました。授業は魔法ではありません。受講するメリットもあればデメリットもあります。

授業は無価値なのでしょうか？　答えはノーです。授業を受けることで成績が上がる科目と授業を受けても成績が上がりにくい科目があります。授業を受けて成績が上がりやすいのは現代文と小論文です。これらはスキル系の科目です。授業を受けても成績が上がりにくいのは、数学の基礎講座と、歴史などの暗記科目です。

理解が大事なので授業が大事とか、基礎が大事なので授業が大事という理屈で授業を受講しようとする人が多いのですが、基本的にこれらの論理には飛躍があります。理解が大事だからといって、授業を聞く必要は必ずしもないし、理解をし過ぎることによって多くの点数をもらえるわけでもありません。あくまでも受験本番で点をとることができればいいのです。理解のレベルが1では解答できなくても理解のレベルが5のレベルで解答できるのであれば、100のレベルの理解を作らなくても同じように点数をもらえます。それならば、あとはこの点数をもらえる確率を増やすためにより多く記憶すればいいのです。授業を聞いても人は記憶を頭に残しにくい性質があります。人間の頭の中には、アクティブリコールとパッシブレビューという情報の流れがあり、人間は物事を想起する時によりいっそう頭に記憶を根付かせやすくなります。受け身でゆっくりと聞かざるを得ない授業は、時間ばかりがかかってしかも記憶に残りにくい性質があるということです。

授業を聞きすぎると時間がいくらあっても足りません。そもそもまったくと言っていいほど、早稲田や慶應を受験する人は時間が無いのです。判断基準は今どれだけ覚えているかです。問題集を1～2冊程度完璧にしている程度だったら死にもの狂いで1年間勉強する必要があります。現時点で過去問題を解いて、過去3年分の合格最低点の平均点＋20点を取ることができる人は、ゆっくり授業を聞きながら勉強して、時にはビーチでトロピカルジュースを飲みながら、参考書を開いて、優雅にゆっくり勉強しても合格できます。

多くの受験生は、これとは対照的に合格するかどうか分かりません。そもそも絶対的に記憶量が足りていないのです。この前提を無視したり、ライバルも同じように勉強して力をつけていることを無視すると、いくらでも時間があるかのように錯覚してしまいます。そして、慶應法学部を受験したり、早稲田の政経を受験したりする場合でも、まだまだ時間があるから大丈夫かなと考えてしまうのです。

大丈夫ではないというのは、以前にお伝えした通りです。予備校に行ってたくさん授業を聞いて合格した人は頭のいい人です。なぜならば、他の人よりもゆっくりと勉強をして記憶作業を減らしても合格しているからです。私の経験から言えば、数学の選択者か、慶應法学部志望者の場合は、かなり小論文のセンスがいい子でした（B判定をとっていました）。つまり、今の時点でのらりくらりと小論文を書いて、80％程度取得できる人なのです。だから合格しているのであって、予備校に行ったことが良かったから合格しているわけではありません。原理的に考えればすぐに分かることです。受験は記憶量で決まります。

私が弁護士と医師と一緒に書いた『勉強法最強化ＰＲＯＪＥＣＴ』という本があります。勉強方法を最適化する方法論と考えを書いた本です。石原弁護士は、東大法学部出身ですが、一浪した際に予備校には通っていません。また司法試験にも一度失敗していますが、その時も自宅で浪人しています。開成高校出身です。伝統の合格方法をマスターして伝授されてきている人です。なぜ理解が大事なのに、予備校に行かなかったのでしょうか。覚えることが受験を制すると知っていたからです。授業を聞いている場合ではないのです。時間の限り覚えて覚えて覚え倒さなければなりません。また齋藤医師もその書籍で同様のことを述べています。数学は暗記であると力説しています。文系を数学選択で受験する人はぜひ読んでみてください。

理解のしすぎで不合格になるのは、暗記の時間を軽視するからです。急所は理解の度合いではなく、暗記量です。したがって急所を攻略するには、暗記量を確保する必要があるのです。別の理由は量は質に転化するからです。解法もたくさん覚えていれば、たくさんの角度から内容を理解することになります。一つの角度から理解しようとしても無理があります。理解の本質とはより多くの角度から物事を認知することだからです。したがって結局は、記憶することを重視することで理解の質を担保することができるのです。

理解のしすぎで不合格

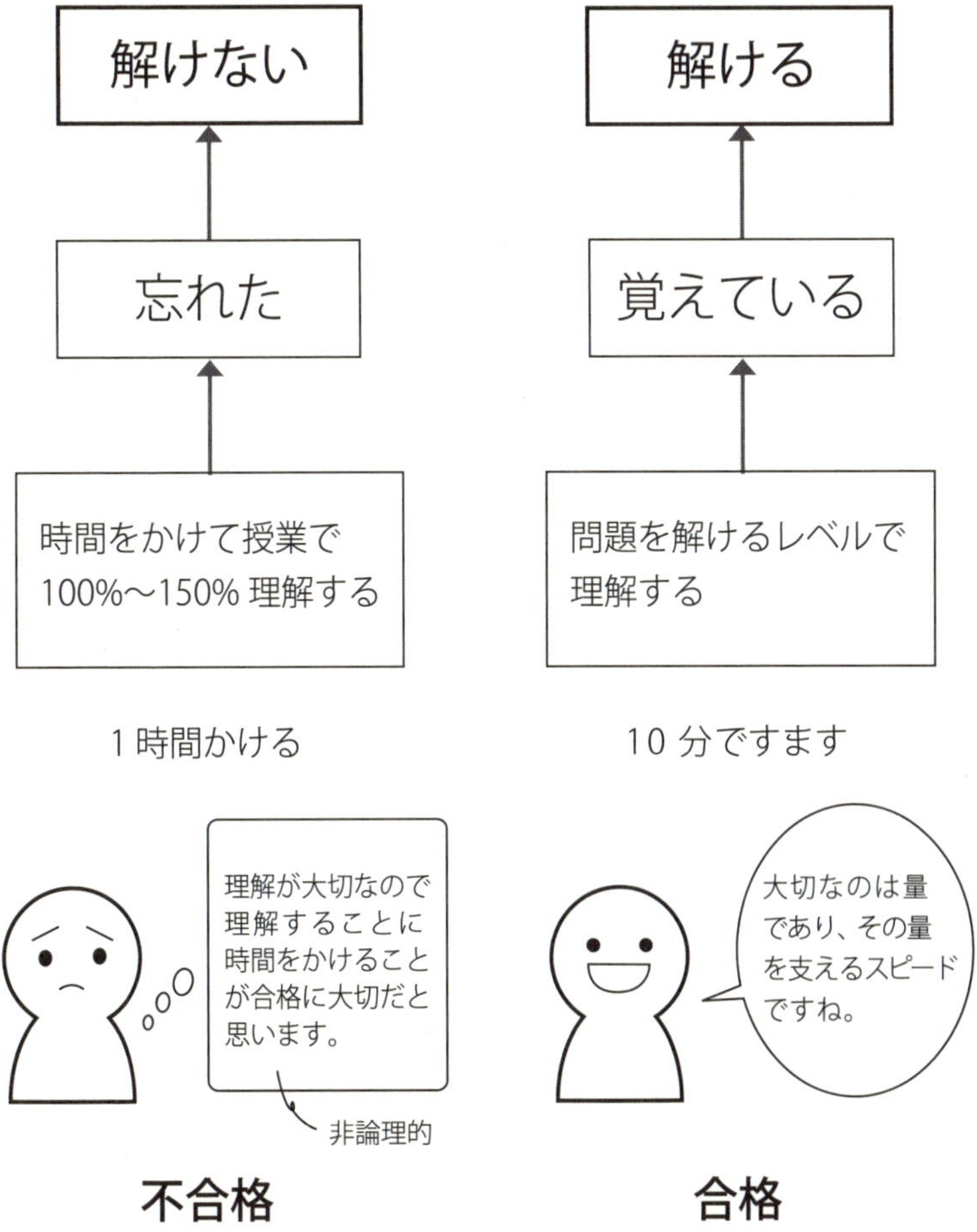
解けない
忘れた
時間をかけて授業で
100%～150% 理解する
1 時間かける
理解が大切なので
理解することに
時間をかけること
が合格に大切だと
思います。
非論理的
不合格
解ける
覚えている
問題を解けるレベルで
理解する
10 分ですます
大切なのは量
であり、その量
を支えるスピード
ですね。
合格

このあたりの事情は信じられない方もいるかもしれませんので、「受験の状況分析法」という無料レポートを読んでください。私が無料で提供しているものです。ウェブで検索すれば読むことができます。

◉勉強法の概要をつかむために絶対に読むべき本

慶應受験や早稲田受験には、あまりお金をかけなくても大丈夫です。かけてもいいですが、かけなくても今の時代ならば勝てるでしょう。本書を手にしている受験生は本書の合格実績の通り、圧倒的な力を得るチャンスがあります。本書を読んでいない受験生とは、すでに比べものにならない可能性があります。ただし、以下の本は絶対に読んでください。

1）『慶應大学絶対合格法』（慶應大学は無理だと思わないでOKです）
2）『慶應小論文合格バイブル』（慶應受験で差をつけたい人に特におすすめ）
3）『小論文技術習得講義』（小論文の本質をマスターします）
4）『小論文の教科書』（小論文の現実が深いところまで分かります）
5）無料でもらえる慶應大学絶対合格法の読者特典（慶大受験生のみ）
6）無料でもらえる慶應小論文合格バイブルの読者特典（慶大受験生のみ）
7）『勉強法最強化PROJECT』（理系も含めて勉強法が細かく分かります）
8）『なぜ人は情報を集めて失敗するのか？　目標達成論』（絶対合格体質になります）

◉勉強の判断は最後まであなたの合否に大きな影響を与え続ける

今成績が悪いのは、きっと勉強法が原因だ！　と、1か月くらいしか勉強していないのに思ったりしてしまわないようにしましょう。同じ本を読んでも理解できる人と理解できない人がいます。実践できる人と実践できない人がいます。これらの問題も含めて解決するもっとも手堅い方法は、コーチをつけることですが、そのための判断基準も無いのが現状です。本当にかわいそうです。私の塾に入ってきたときに、1冊をマスターすればいいよと言われて、ひたすら1日中、目が痛くなるまで参考書を音読しまくり、100回以上音読した参考書はボロボロになっていたけれども、まったく記憶に残っておらず、過去問題を解いたら、本当に10点台だった子がいます。かわいそうです。小論文など関係ないよと差しさわりの無いアドバイスを受ける子がいます。本当にかわいそうです。何も理解していない人の言葉や心無いネットの誹謗中傷に惑わされる子がいます。本当にかわいそうです。

慶應大学(文系)の点数が決まる仕組み

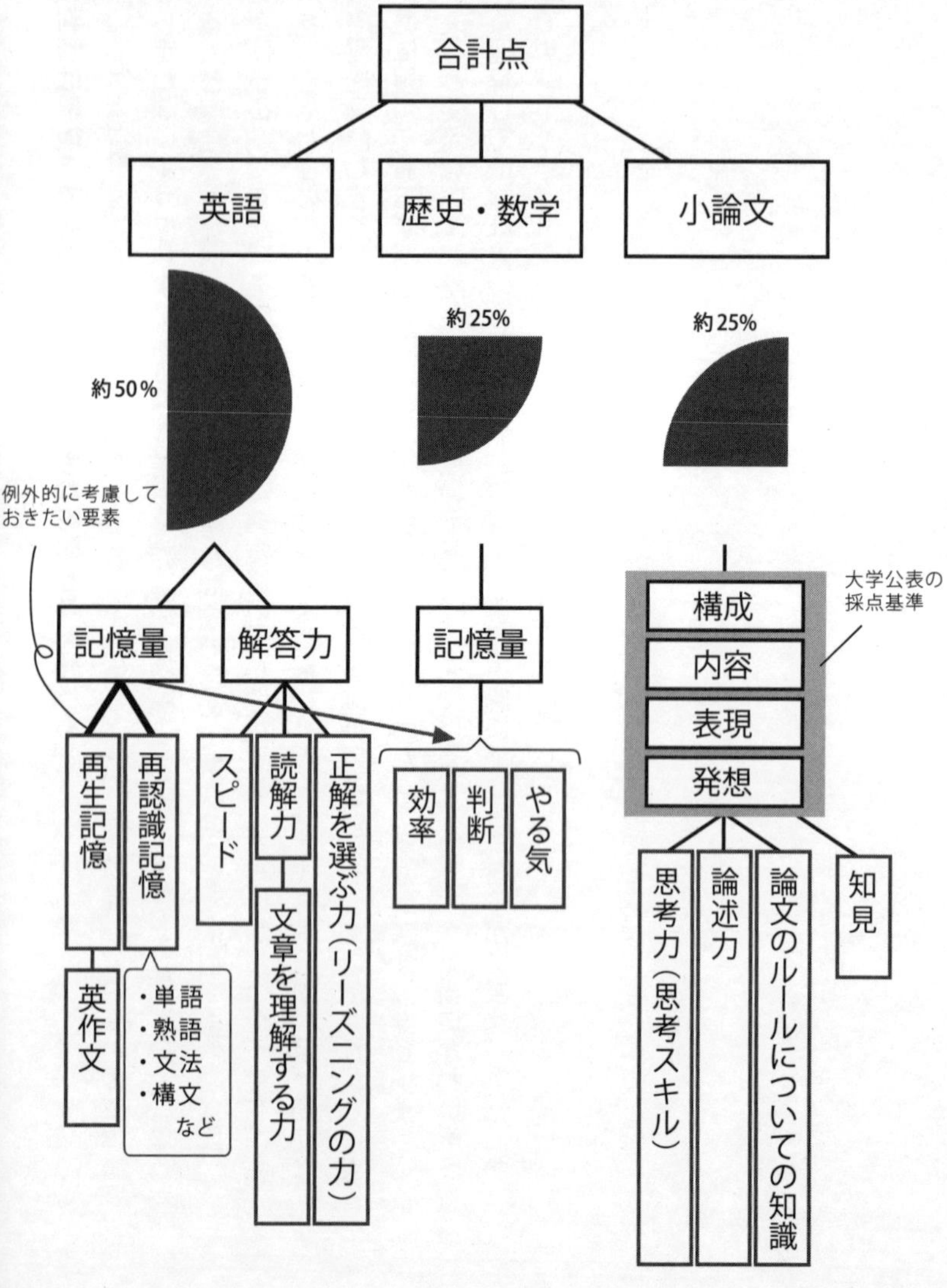
合計点
英語
歴史・数学
小論文
約50%
約25%
約25%
例外的に考慮しておきたい要素
記憶量
解答力
記憶量
構成
内容
表現
発想
大学公表の採点基準
再生記憶
再認識記憶
スピード
読解力
正解を選ぶ力(リーズニングの力)
効率
判断
やる気
英作文
・単語
・熟語
・文法
・構文
など
文章を理解する力
思考力(思考スキル)
論述力
論文のルールについての知識
知見

◉『知っている』とできるは違う……高校中退の東大生

ここまでに書いたことを部分的に知っている人はたくさんいますが、その度合いが高い人はほぼいません。ここまでの話は記憶が試験に大事だという話ではありません。記憶できるように今のあなたの時間を限界まで記憶作業の密度を高くすれば物理的にあなたの合格確率が限界まで引きあるという内容です。

このことを知って、高校を中退して東大に合格した人がいます。なぜ中途退学したのでしょうか。その理由は、高校に行き、授業を聞く時間がもったいないからです。自宅で学習すれば、記憶の密度を高めることができます。授業の何倍ものスピードで記憶できます。私の運営する会社で推薦文をくださっている方は、これを実行しました。高校を辞めることはお勧めできませんが、本書の意味と価値をご理解いただくためにエピソードをご紹介しました。

本書の内容を真に理解するということは、学習の方向性案として、どれだけのレベルで、学習密度、記憶作業密度を高めて記憶作業と解答力を育むことに時間を徹底投資できる体制をあなたが作ることができるかということです。

移動する時間も、その他のすべての時間も記憶作業に充てることができれば、合格率は大幅に上がります。

※数学の解答は3秒分からなければ見る。解答手順を最初から覚えこむ、英語の勉強は問題集を解くことではなく、記憶用の道具を徹頭徹尾覚えこむことに充てる。現代文は解法手順を暗記する……等のことがしっくりくることが大切です。

第四章
難関私大を突破できる記憶しやすい勉強法

Chapter 4

記憶する観点から
オススメの問題集と参考書

難関私大に合格できる勉強法

これからご紹介する勉強法については、慶應大学医学部以外は、難関私立大学の全学部に対応しています（慶應の医学部はその約半数が東大合格者であり、東大に進学せず、慶應に進学していると言われています）。万全を期すために、難関国立大学の医学生・京都大学出身者に理系科目の学習アプローチについて執筆協力&チェック作業をお願いしました。慶應大学医学部受験生は『慶應大学絶対合格法』（エール出版社）を参考にしてください。各科目の勉強をご紹介する前に、最低限の勉強法についての注意点をご紹介しておきます。

◉各論的な勉強法の「よい」「悪い」はナンセンス

私は勉強法を教えることが仕事です。勉強法には各論的に○○は良い、○○は悪い、等の言説が氾濫しています。これらはナンセンスですので気にしないことが大切です。状況と前提によって良い、悪いは変わるからです。音読が良いというのも特定の条件の話であり、エビングハウスの忘却曲線（有名な実験結果ですが知らなくてもOKです）から記憶法のアプローチを論じるのも部分的に最適な考え方にすぎません。あれは単純暗記の場合の実験です。ところが受験は単純暗記以外の記憶ゲームの競争になっています。

良い、悪いで考えるのではなく、総合的に考える必要があります。勉強法を論じる際のベースにあるべき考え（論拠）は、言語学、脳科学、心理学の記憶や理解の仕組みに合致していることでなければ無意味です。また、これらの先行研究だけにとどまらず、総合的な学習論として学習環境と学習者について、総合的に存在する問題を解決する方法を取り、問題解決のアプローチで学習を科学的に見ることができなければ、有効な対策にはなりません。

◉受験の原理原則・成長（記憶）の原理原則・科目ごとの攻略可能性の原理原則

勉強法を考える時に大切なことは原理原則で考えることです。大事な原則は5つです。

1）受験の原理原則……受験の急所は記憶の量と質、重要度の8割は記憶にある。
2）成長の原理原則……人の記憶量が作られる仕組み（脳科学的側面）。
3）科目ごとの攻略可能性についての原理原則……合格できる実力の養成カリキュラム。
4）問題解決の原理原則……受験生が不合格になる本質的な問題点を回避できる形かどうか（問題発生の真因の裏返しの対策があるかどうか）。
5）学習スキルの原理原則……学習技術の三すくみ（じゃんけんの様にAはBに勝ち、BはCに勝ち、CはAに勝つなど）についての理解と技術レベル。

私が行っているのは、これらの原理に沿って総合的に学習支援を行うことです。だからこそ、クライアントからは、日本一や日本でTOP10位以内、TOP0・1％、国立大学法科大学院でTO

Pレベル合格などの実績が多数出ています（実績紹介は読者のためです。実績&証拠が無ければ対応しているのかどうかが分かりません）。

ただし、ここに挙げた1～5は、知見が無ければ理解ができないことなので、これからご紹介する学習アプローチの意味や価値には気づかない人もいるかと思います。

基本的には、ここでご紹介したアプローチを用いて学習を進めていき、その後過去問題をやり、自分の課題をあぶりだして調整を行うことで合格できます。

理系の科目攻略については、難関国立大学医学生に執筆協力をお願いしました。

英語の学習アプローチ

◉辞書と音読は受験英語には不要

英語は勉強のやり方で大きく差がつく科目です。一般的には塾に行かなければ点数は上がりにくいと思われていますが、自習で大きく力をつけることができます。私の教え子は、英語で二度、全国模試で一位になりました。英検1級合格者もいます。

学習手順を大まかにご紹介します。

①『DUO』（アイピーシー）を繰り返し聞く（必須）。

②『速読速聴英単語　CORE』（Z会出版）を繰り返し聞く（必須）。
③『ダイアローグ1800』（旺文社）を繰り返し聞く（上級狙い）。
④『システム英単語』（駿台文庫）をやり、分かっていないものだけをピックアップし覚える（この時に標準編とBasicの2冊あるので、両方ともやる）。
⑤熟語帳をやり、記憶していなかったものを覚えこむ（可能なら複数冊）。
⑥『フラッシュ速攻英文法』（オー・メソッド出版）をやり、覚えていなかったものを覚えこむ。

CDで学習を行う際には、スラスラ聞くことができるようになることを目指しましょう。テキストは音声を聞く時には見ないようにします。スラスラ聞くことができるようになったら、『システム英単語』などをやり、覚えているものと覚えていないものに分け、覚えていないものに蛍光ペンでマークをつけます。その後覚えていない単語をつぶし、熟語も同様につぶします。ここまでで、語彙が強化されたら、今度は英文法や会話問題が出る人は会話問題をやります。基本的な文法事項で抜けがある人は、このカリキュラムに入る前に、『安河内の英語をはじめからていねいに(上)(下)』（ナガセ）をやり、スラスラ英語のCDを聞くことができるようになってから『DUO』をやるようにしてください。

【カード化してよいもの】

1）英文解釈……『英文解釈の技術100』（ピアソン桐原）など。

2）英作文……『基本英文300選』（駿台文庫）など（上級狙いの人向け）。
3）英文法……『全解説頻出英文法・語法問題1000』（桐原書店）など。

このほか会話問題がよく出る場合は、口語表現の問題集をこなし、分からなかった部分をカードにしておくのもオススメです。

【英語への負担を減らしたい人へ】

直前の時期に本書を読んでいる人や、英語への負担を減らしたい方は、ダイアローグを取ったり、CDでの学習をやらないという方法もあります。ただし、負担を減らしすぎる学習アプローチはリスクがあり、同時に個別にヒアリングを行わなければ適切にアドバイスができませんので、本書では割愛します。

現代文の学習アプローチ

◉現代文は解法理論を暗記して適用する力を引き上げることで点が伸びる

現代文の勉強で重要なことは、基本的な解法を理解して最低限暗記することです。予備校の講師によって、現代文の解法アプローチは違います。それぞれの解法アプローチを記憶した上で、問題集で解法理論を試してみましょう。解法適用のスキルを引き上げていくことで点数が安定します。

まず第一にすべきことは、『現代文の解法』（データハウス）を読み込むことです。この参考書では、問題を解く前に現代文の解法理論一覧と、現代文の試験の構造を学ぶことができます。この参考書の解法理論を金科玉条とする必要はありませんが、重要度の高い解法理論は暗記するほど強く意識しておきましょう。本書の後半には、東大の問題があるのみですので、私大受験生は手をつける必要はありません。

現代文は代表的な解法理論を適用することと読解力を養成することで得点力が伸びる科目です。さらに強化したい人は、『ゴロゴ板野の現代文解法５６５』を読み、自分が使えそうなテクニックを解説した部分に線を引いて繰り返し読みましょう。次に『出口現代文講義の実況中継』を読み、同じくポイントに線を引いて繰り返し読みます。最後に過去問題で今まで覚えこんだ解法のアウトプットを行い、解法を適用する練習を行います。この過程で間違った問題については「間違いノート」というノートを作り、①なぜ間違えたのか　②どうすればよかったのか、を書きます。この間違いノートは、科目ごとに分ける必要はありません。あなただけの合格ポイントを蓄積していきましょう。

◉現代文の注意点

現代文の問題を解く時に、自分の考えを書かないようにしましょう。現代文は小論文ではありませんので、著者の主張を読み取り、著者の物事の解釈について記述する問題です。解答は一つであり、『原則として著者の主張も一つであることが多い』と考えておきましょう。

古文の学習アプローチ

古文はテクニックが通用しやすい科目です。英語の学習理論に精通していれば覚えることを実質的にほとんどなくしてしまうことが可能です。古文は言語系の科目であり、言語系の学習テクニックが通用します。

基礎が穴だらけな場合は、講義型参考書『望月光の超基礎がため古文教室古典文法編』（旺文社）を3回通読します。基礎ができていれば不要です。その後に『ビジュアル古文単語』（学研教育出版）を毎日読みます。1日に少しずつ進みますが、その日までに学習した範囲は音声にICレコーダーで吹き込みます（例文の赤文字つきのもの）。

古文が嫌いでどうしようもない人は『吉野の古典文法スーパー暗記帳』（学習研究社）をやっておきましょう。以下が古文の正規のカリキュラムです。『古典文法　スピード攻略10日間　基礎編』（Z会出版）をこなします。2周させましょう。その後3周目では、できなかった問題をコピーし、そのコピー用紙の裏面に解答を書き込みます。こうやってコピー用紙をカードにしてストックしておきましょう。これを受験直前にまわせば完璧になります。その次に『古典文法スピード攻略10日間　演習編』をこなします。一読して、単なる読解や文章形式のものは、ICレコーダーに吹き込みます。一度に2分程度だけ吹込み、その2分間を記憶できるまで聞き込みます。覚えたら、次の2分間分を吹き込みぐるぐると聞きます。覚えこみが済んだら、通してスラスラ聞くことができるようになりましょう。これでほぼ全部頭に入ります。このように音声化して処理できないものは、同じくカードにしてしまい、覚えにくいものだけストックします。受験直前にぐるぐると回せば完璧になります。

集中せずに古文単語を覚えたい人は、『古文単語ゴロ565』(アルス工房)を使ってもかまいません。古文常識を強化したい場合は、自分の好みにあった古文常識の本を1冊、寝る前にでも少しずつ読み進めましょう。ここまでの作業が済んだら過去問題をやり、記憶漏れの事項は覚えなおすためにノートに書き出し、「復習ノート」として何度も復習して定着させます。

漢文の学習アプローチ

◉漢文は短期攻略可能

基礎が欠落している場合は、『超基礎がため漢文教室』(旺文社)を読みます。3回読めば基礎が身につきます。その後『漢文早覚え速答法』(学研)をこなします。これを3回やれば、漢文を得点源にできます。漢文の文章がしっくりこない場合は書き下し文を音声化してICレコーダーに入れて何度も聞きましょう。重要語句を覚えたい場合は、カードを作りましょう。カードの表面に単語、裏面に意味を書きます。基本用語のストックは、『漢文道場』(Z会出版)から行います。『漢文道場』は漢文を鉄壁にしたい人だけがしっかり覚えこみをしましょう。

物理の学習アプローチ

◉物理は理解がキモ

物理は力学・波動・電磁気の3分野のみです。したがって、数学と違い、できていない分野を集中的に攻略すればすぐに点数は上がります。物理の注意点は、公式を丸暗記するだけで安心しないことです。その公式を自分で導き出すほど原理を理解すると問題を解きやすくなります（ここでの理解とは、物質の移動や波などの物理的影響力を頭の中にイメージすることです）。

まずは基本レベルの問題集をこなしましょう。基礎が無い人は、『橋元の物理をはじめからていねいに』シリーズ（ナガセ）を使います。この本を繰り返し3度読みましょう。その後『物理Ⅰ・Ⅱ重要問題集』（数研出版）を最低でも2度繰り返してください。問題のAレベルと、Bレベルをこなします。Cは無視してください。やらなくてもOKです。最後に志望校の過去問題をやり、捨て問題（難しすぎて解けなくて当然の問題）以外はしっかりと、できなかった問題を覚えこみましょう。これで物理を得点源にできるでしょう。理数系の科目に捨て問題を設定する理由は、最難易度の問題を解けずとも、試験は合格できるようになっているためです。東大も難関大学の医学部も例外ではありません。

※センター利用のみの人は問題のレベルを落として演習するか、ここに挙げたものではなく、センター用の問題集を使ってください。

化学の学習アプローチ

◉化学は法則性の理解と暗記で攻略せよ

基礎が不十分な人はまず最初に『岡野の化学をはじめからていねいに（理論化学編）』（ナガセ）を3回読みます。その次に『化学Ⅰ・Ⅱ重要問題集』（数研出版）をやります。3回は繰り返し解きます。物理と同様に、AとBの問題だけを完璧にします。Cは無視してください。その後、過去問題に取り掛かり、出題形式に慣れましょう。できない問題の中で、捨て問題（解けなくても構わない難問）は無視して、合格最低点を上回る得点率を確保できるようにします。『重要問題集』と過去問題で実力を完成させます。

※センターでしか化学を使わない人はセンター試験用問題集を1～2冊こなすようにして、ここでご紹介したカリキュラムで勉強を進めないのも手です。

【注意点】

化学はすべてを丸暗記するのではなく、法則性を理解して問題ごとに必要なポイントだけを覚えこみしていきます。周期表などの基本事項は覚えるしかありませんが、すべてを完璧に記憶するのではなく、最重要ポイントのみを記憶しましょう。暗記に困ったらゴロ合わせで該当箇所を覚えてください。どうしても覚えられないものは、暗記用のカードを使うといいでしょう。念のために最重要暗記ポイントを列挙しておきます。順番に進めてください。

・ステップ1：周期表を完璧に覚える（ほぼ完ぺきにしましょう）。
・ステップ2：分子の「化学結合の強さ」（くっつきやすさ）を覚える。周期表を覚える過程で理解しましょう。
・ステップ3：基本形は覚える。例）OHで終わるのはアルコールなど。有機でつまづくようならば、一度化学に戻り、基本事項を記憶し直しましょう。

生物の学習アプローチ

◉生物は努力で攻略可能

まず『大森徹の最強講義　117講　生物ⅠⅡ』（文英堂）を3回読みます。この時に理解の補足を視覚的に行うために『大学受験らくらくブック　生物Ⅰ』（学研教育出版）という漫画を補足的に読んでもOKです。その後『新生物ⅠⅡ　要点別問題演習』（数研出版）をやります。しっかり覚えこみをしてください。最後に、『新生物Ⅰ　重要用語集』（数研出版）をやり、覚えていないものをつぶして覚えこみましょう。

この後に過去問題に取り掛かり、3年分ほどやった上で弱い分野をあぶりだしましょう。その他の問題集や講義本で、自分が弱い分野を集中的に覚えこみ、一般入試試験対策（二次対策）としましょう。

数学の学習アプローチ

◉数学はこなせるパターンの数によって、実力が決まる

数学はこなした問題のパターン数が多ければ難問でも高い点数を取ることができるようになります。すべての融合問題は典型的な問題の組み合わせだからです。本書で紹介するテクニックを用いて時間を短縮すれば、多くの問題の解法を頭に入れることができますので、元気を出してコツコツがんばりましょう。

◉数学は暗記が8割と考えて合格できる

数学は、基本となる解法パターンと計算のルールを暗記することで点数が上がります。したがって問題を見て考えても分からなければ、3秒で答えを見てOKです。『青チャート』で例題以外の練習問題を覚えこむ段階でもこれは例外ではありません。考えることを重視し始めるのは、基本となる解法パターンの暗記が済んだ後です。具体的には、のちに解説する『プラチカ』以降の問題集では、思考力を働かせて問題を解き、実践力を養成しましょう。それまでは効率よく解法パターンを記憶していくことが大切です。また、自分で問題集の答えを見て理解できる問題について授業を聞くのは時間の無駄ですので、サクサク問題集の覚えこみをテンポよくスピーディーに終わらせましょう。

◉理解が大事

数学は理解も大変重要です。その意味で、暗記と理解の両方が大切な科目です。ここでの理解とは、導出可能な公式は自分で導き出せるようになることを言います。

したがって問題を理解するというよりは、丸暗記を避けるという意味での理解です。

【計算力について】

数学の高得点には、計算力が必要です。計算力はスピードと正確さから成り立っています。

できれば、計算の「間違いノート」を作りましょう。そして自分が間違った計算過程をメモしておき、何度も見返しましょう。間違いにはパターンがあります。二度と同じミスをしないように成長していくことが、計算力を短期間で強化するコツです。

まず、基礎が完全に抜けている人は、『高校数学Iをひとつひとつわかりやすく』（学研教育出版）小島秀夫著をやります。この問題集で解法を暗記してください。すべて典型問題なので、解法を暗記することがメインの作業です。

文系の数学カリキュラムと、理系の数学カリキュラムを掲載しておきます。慶應医学部以外はこのカリキュラムで進めましょう。慶應医学部受験生は『慶應大学絶対合格法』（エール出版社）を参考にしてください。

【文系の数学カリキュラム（参考例）】

①『青チャート』（数研出版）例題と練習問題を両方やります。

②『プラチカ』（河合出版）

【理系の数学カリキュラム（参考例）】

①『青チャート』（数研出版）例題と練習問題を両方やります。

②『プラチカ』（河合出版）

③『やさしい理系数学』（河合出版）

④『大学への数学』シリーズ（東京出版）……最難関学部を受験する人のみ。

【数学嫌いの人のためのカリキュラム（参考例）】

①『高校数学Iをひとつひとつわかりやすく』（学研教育出版）……シリーズをこなす。

②『初めから始める数学』（マセマ）……シリーズをこなす。

③『元気が出る数学』（マセマ）……シリーズをこなす。

④『青チャート』や『プラチカ』の分からない問題をこなす。

※数学嫌いの人は、計算力もつけておきましょう。①が終わった後程度から、『ドラゴン桜式数学力ドリル』シリーズを少しずつやってみましょう。

※掲載したカリキュラムは、あくまでも個々の事情を反映しないので、あくまでも参考にしていただくカリキュラムだと考えてください。

【本番で分からない問題の対処法】

分からない問題にぶつかった時の対処方法を二つ書いておきます。一つは、手を動かしてみるということ。図形問題などは、手を動かして書き込むことで解法の糸口がひらめくことがあります。二つ目は、問題の連鎖関係です。問題1がヒントとなり、問題2を解くことができるようになっており、3は問題1と2がヒントになります。したがって、1と2をどのように使うことができるか？　と考えてみてください。

【センター対策について】

センター試験は非常に簡単です。なぜなら解き方が最初から提示されているようなものだからです。非常に単純な解法しか使いません。公式をただあてはめれば解けるものばかりです。ほぼすべての問題が誘導形式になっているので、過去問題を何度も解くことで、誘導にのる練習を行い、スピードをつけていきましょう。見直しの時間んを考えて、10分前には、4題全部を解き終わることができるようになりましょう。

※『勉強法最強化ＰＲＯＪＥＣＴ』と『慶應大学絶対合格法』の2冊を読めば、数学の勉強法についてもさらに具体的手順と考え方についてイメージを膨らませることができるはずです。

◎『勉強法最強化PROJECT』……オススメ（国立大学医学部卒の医師と、東大法学部卒の弁護士と牛山が共同執筆）。
○『慶應大学絶対合格法』……ややオススメ（慶應に数学選択で合格した子が執筆協力）。

【理系科目全般に言えること】

理系科目全般に言えることですが、解法パターンの暗記は、カード学習と読む勉強法がお勧めです。ネット検索で、「ディジシステム」↓トップページから「がんばることの落とし穴　無料情報集」を選択↓「カード学習の極意」を選択。でカードを使った学習法を紹介していますので、参考にしてください。カードは手書きで作らずコピーしましょう（手書きで作ると時間がかかりすぎます）。

日本史の学習アプローチ

◉授業の数倍のスピードで学習可能

日本史と世界史に授業は不要です。まず第一に『石川日本史B講義の実況中継』（語学春秋社）をすべて読みます。次に『金谷の日本史「なぜ」と「流れ」がわかる本』（ナガセ）を読みます（気に入ったらシリーズを3冊読みます）。さらに『超速日本史の流れ』（ブックマン社）を読みます（近現代から読み、気に入ったら他のものも読みましょう）。理解はこの2冊のシリーズで補います。

理解がまったく不要なのではなく、必要な理解は本になっているので不要だということです。理解しすぎで時間不足になり不合格になる事態を回避しましょう。ここまでは速読ができれば、3日程度でも完了しますが、読むのが遅い人であったとしても、授業の20倍程度で良質な学習ができます。

この後に問題集の覚えこみをします。『実力をつける100題』（Z会出版）をやります。この問題集を3周させた後、『一問一答日本史Bターゲット4000』（旺文社）を、重要度順に覚えこみます。覚えていないものだけを覚えましょう。その際に、日本史で勝負するかどうかを自分なりに判断し、出題頻度が3段階で構成されているので、出題頻度が高いものからつぶしていきます（『一問一答』は山川のものを使っても構いません）。

論述問題が志望校で出る場合は、「詳説日本史論述問題集」（山川）をやりましょう。

世界史の学習アプローチ

●授業の数倍のスピードで学習可能

世界史も同様に授業は不要です。理解は記憶を土台にしており、記憶が無ければ理解もしにくく、授業はこの土台となる記憶を作りにくく、作られる理解も別の手段で作るほうが圧倒的に速いからです。まず第一に『青木世界史B講義の実況中継』（語学春秋社）を3回読みます。『ナビゲーター世界史』（山川出版社）を代わりに用いても構いません。

次に『実力をつける世界史100題』（Z会出版）をやります。この問題集の覚えこみが完了した段階で、『タテから見る世界史』（学研）『ヨコから見る世界史』（学研）を繰り返し読みましょう。最低でも3周させましょう。次に『各国別世界史ノート』（山川出版社）をこなします。最後に『一問一答世界史Bターゲット４０００』（旺文社）を用いて、記憶のモレをチェックします。覚えていないものだけにマークをつけて覚えこみを完了させましょう。

論述問題が出る場合は、『詳説世界史論述問題集』（山川出版社）をやりましょう。

小論文の勉強法

◉小論文はセカンドオピニオンを求めないことで伸びる

小論文の指導はかなり氾濫しており、混乱が多い分野です。私は本書及び類書では、学術論文の論文執筆作法を基本原則として、小論文の指導にあたっています。小論文の書き方は混乱しており、基本的な書き方の指導が違います。複数の書き方を混ぜると逆に文章の設計思想や文章の趣旨がぐちゃぐちゃになるので、誰か師を1人に決めるといいでしょう。

まず第一に『小論文の教科書』（エール出版社）を3回読みます。その後『小論文技術習得講義』（エール出版社）を3回読みます。つぎに『慶應小論文合格バイブル』（エール出版社）を2度読みます。この本はやや難しく書かれているかもしれませんが、気にせず読みましょう。重要だと感じたところに蛍光ペンで線を引き、二度目からは線を引いたところだけを読みましょう。この作業を行うことで、体系的に小論文を理解できるようになります。

ネットかスマホで【ディジシステム】にアクセスし、小論文のタブをクリックしてメルマガに登録しましょう。サービスの案内もあるかもしれませんが、無視しても大丈夫です。小論文の基本的な書き方や、小論文の考え方、合格するために大事なポイントについて無料の授業を受講することができます。この後に誰かに自分の答案を必ず見てもらいましょう。小論文は学ぶだけでは伸びません。どこが点数が上がるポイントなのかについて詳しく指導を受けて点数が伸びます。

◉推薦入試・AO入試・FIT入試の面接&小論文の枠を狙おう！

早稲田大学、慶應大学、上智大学等、難関私立大学でも推薦等の枠があります。できればこの枠で受験することも考えてみましょう。合格すればあなたも慶應生や早大生になることができます。自分には無理では？というようなことを考えないことが大切です。私の経験から言えば、学力と小論文の実力は相関がありません。あなたの成績が低くても、まったく気にする必要はありません。

◉必要な添削の回数

あなたがどれだけの添削を受けるかは、合格に直結します。その理由は、小論文は添削をしてもらわなければどこがまずいかが分からないからです。小論文は添削を受けることでかなり点が上がります。その理由は、実質的な減点方式になっているからです。英作文が減点方式であることは有名ですが、小論文はその上をいきます。大減点方式と言っても過言ではありません。その理由は、細目事項をチェックされるわけではないからです。助詞や助動詞の使い方を小論文ではチェックされているわけではありません。そのため、点数が60点から一気に30点まで落ちるという現象も珍しくはありません。

あなたが受けるべき添削の回数の目安をケースごとに書いておきます。

◇併願戦略上難関私大対策として小論文を勉強する場合・・月に1回
◇推薦入試で慶應法学部やSFCを狙う場合・・・・・・・・・月に3回
◇慶應大学を受験する場合・・・・・・・・・・・・学部にかかわらず月に3回
◇慶應商学部が第一志望で流さない場合・・・・・・・・・不要
◇慶應大学SFC（総・環）を受験する場合・・・・・・・・・月に5回
◇実力が無いので、推薦でしか難関私大を狙えない場合・・月に5回

大ざっさぱに、以上のように目安を書いておきました。今の小論文の実力にもよりますが、大まかにこのように考えましょう。

コラム　意味のある授業と無い授業を見分けよ

★無駄な授業を受けないことのメリット

私がかつて東大・京大・慶應・早稲田の文系理系に合格した東大医学生に聞いたことがあります。それは、点数が上がる授業と点数が上がらない授業があるということ。点数が上がる授業は「現代文」「小論文」だと教えてもらいました。共通点は何でしょうか。暗記が無関係な科目だということです。暗記科目と言語科目と、理数系科目は記憶量を増やせば合格できるのです。多くの人は過去問をゴールに勉強していますが、違います。問題集を解くことができるようになることをゴールにしなければなりません。開成高校から東大法学部、司法試験に合格して弁護士になっている石原弁護士は、「思い出せる問題集の数を増やすことが合格の秘訣」と断言します（メルマガで動画公開しています）。彼は浪人した時にも予備校には行かず、ひたすら覚えて東大法学部に合格しました。

英文解釈の授業は不要です。英文解釈問題集を自分でやり、ポイントを覚えこむ方が3倍速いからです。英文和訳も同様です。長文問題解説はもっとも時間がかかり記憶量が増えません。世界史の授業も日本史の授業も勉強した気分は増えますが、記憶量は増えません。受験勉強において重要なのは、何が出るかです。中学高校と合計で6年間授業を受けても、まだ点数が取れないのに、これ以上授業を受けても点は上がりません。重要なことは、思い出せる状態にすることであり、そのために最大の効果があるアプローチで記憶作業をすることこそが大切なのです。

★あなたの合格のために使うことができる時間は圧倒的に無い

判断ミスの最大の原因は、（まだ時間がある）という感覚です。時間は1年前から圧倒的に不足しているという感覚が大事です。問題集を1冊暗記しきる時間を200時間とした場合（モノによってかなり時間は違います）、このような記憶しきった問題集を何冊も作っていくにはかなりの時間が必要です。この徹底暗記作業ができればどこの大学でも合格できます。

★東大生の普通と一般受験生の普通が違い、文系受験と理系受験の普通が違う

集中力が大事だという主張や、授業も良いという言葉は多くのケースでは理系の学生が言う言葉です。東大の医学生の中には、スッパリ受験は暗記と言い切る人もいますが、多くの場合、あまりこのような正直な言説は出てきません。その理由はいくつかあります。本人の記憶力がかなり良い方なので、記憶作業をメインにせずとも合格してしまったケース（よくわかっていないケース）もあります。

もう一つの理由は、自分の優秀さを認めてもらいたいからです。試験は単なる神経衰弱もどきの記憶ゲームに過ぎないということをあけすけに言ってしまっては、自分が頭がいいとは思いにくくなるので、言わないというケースもあります。

そして多くの難関大学出身者は、猛烈にがんばったから合格したとはあまり言いません。いかに自分が努力をせずに合格したかをアピールすることで、優秀だと思われるということを熟知しているので、家では血がにじむような努力をしていても、学校では勉強はまったくしていないフリをするということもあります。この傾向は大学院まで続きます。社会に出ても一生続くと思ってください。難関大学合格者の普通と他の大学生の普通は圧倒的に違います。

★受けるべき授業は『点につながる授業』

例外的に受けることを推奨する授業は、解答力を磨くことができる授業です。ただ、この授業が存在する比率は少ないです。むしろ私は『解答力』だけをテーマにして授業を行います。

参考書を利用することで上がる解答力もあります。解答テクニック系の本を乱読する方が、むしろ授業で少ない解答テクニックをゆっくり学ぶよりも学びのスピードは速いのが実情です。1冊の本にかける時間を限界まで引き下げましょう。

★予備校の授業だけでは足りず、出るところは問題集に書いてある

予備校のテキストを完璧にしても、点数は60点くらいしかないということも珍しくはありません。やるべきことは、試験に出ることを覚えることです。おおざっぱな理解が大切・・・と漠然と多くの受験生は考えています。基礎を完成させるための対策を授業に期待しすぎないようにすることも考えましょう。ショートカットができないかどうかを考えるのです。問題集の解説を読み、理解できるのであれば、時間をその瞬間に5分の1にできます。5倍のスピードで進むことができた瞬間です。この瞬間を学習全体にいきわたらせることを考えましょう。他の人の5倍のスピードで理解し続ければそれだけあなたは合格しやすくなります。

★理解はネット無料電話のスカイプ等で補う

理解できないところは溜めておき、まとめて人に聞きましょう。そうすれば、理解が大切なので、理解のために膨大に時間を確保する……という無駄が多い作業を回避できます。理解が必要な度合いとは、問題を解くことができる度合いです。理解が無いと問題が解けないと思っている方もいるかもしれませんので、先にお伝えしておきます。本書でお伝えしたカリキュラム＋α（＋αの部分は、私からの個別アドバイスや、本人の調整作業です）で慶應の本試験で9割確保する教え子が続出しています。本書でお伝えした通り、日本一になった子もいます。理解作業は問題を解くことができるレベルで確保していくのがもっとも時間がかからないので、あなたがもっとも合格しやすくなる道です。

★点数が伸びない原因

本書でお伝えしたカリキュラム＋α（現状分析と正しい対処）を行うことができて点数が伸びないことがあれば、やり方が違っているか、部分的にやっているだけになり、実質的に違うことをやっているか、解答力の部分が足りないかのどれかです。ここ以外に原因があった人は私の経験では皆無です。

★合格できる時間の使い方

理解の補足のための時間は、理解できないことを理解することに使いましょう。言い換えれば家庭教師か、学校の教師への質問です。

記憶することに時間を使いましょう。記憶しているように錯覚している時間は無駄に時が流れています。本書で解説したように人の記憶の仕組みは、繰り返しによって定着するというものです。

★慶應受験生の場合（SFCの場合は特にこの感覚が大切）

小論文の勉強に時間を割きましょう。1年前から小論文の勉強に力を入れておかなければ、どうしても付け焼刃の対策になってしまいます。ズルズル本を読むべきではありません。1冊にかける時間を短くして、時間の有効活用をするという感覚に磨きをかけましょう。

毎月少しずつ添削してもらいましょう。小論文の勉強にはこの意味で、多くの場合、期間が必要になってきます。良くない部分や点数が上がる部分を指摘してもらってから、その点に気をつけて小論文を書くには、時間がかかります。小論文の添削が戻ってくるまでにかかる時間が必要です。また、自分が指摘された部分を何度も見直す時間も必要です。過去問を解いて、何も学ばずに次の過去問題をどんどんやる人がいますが、点数が上がらないのでやらないようにしましょう。英語も歴史も小論文も同様です。過去問題は形式に慣れることと、スキルギャップと弱点を発見するために使います。合格のための勉強の方向性修正のために使うのです。

かつて海戦では、大砲を打った後に、軌道を修正して、二発目に相手の軍艦に大砲を当てるということをしていたようですが、過去問題の使用はこれに似ています。一度目（問題集の覚えこみ）で実力を合格できる近くに持っていき、過去問を使うことで二度目（対策をあぶりだして個別に攻略）を打つのです。

★過去問題を使って合格できない原因は難易度にあり

難関大学では、問題を簡単にすると、全員90点を取り、試験が機能しなくなるので、簡単な問題と、普通の問題とやや難しい問題と超難問で誰も解けない問題を混ぜます。したがって過去問題の内容を全部覚えようとする人は、向こう何十年と出ない問題をやることになり、かなり効率が悪い対策をすることになってしまいます。

★合格するための点数をもぎ取るためには、MAXは決まっている

覚えるマックスは決まっています。難しい試験なので、英検準1級の単語集を覚えるような必要はありません。難しいものを覚えるくらいなら、基礎の取りこぼしを拾う方が点が上がるケースもあるということを頭に叩きこみましょう。

第五章
合格確率を増やす併願戦略

Chapter 5

小論文を使い、
推薦・AOを狙えば
合格率が上がる

あなたも推薦・AO入試で早大生・慶應生に

◉推薦を使わない手はない

難関大学の名前にビビってしまっていないでしょうか。難関大学は難しいというのは思い込みの部分もあります。地方にも多くの優秀な人材がゴロゴロ存在しており、小論文を書けば、スッと推薦入試で合格してしまうことも珍しくありません。

◉無理だというのは思い込み

私には○○大学は無理だという考えは持たないようにしましょう。私の経験から言えば、基本的に皆優れた頭を持っています。勉強が苦手だっただけで、自分が無理だと決めつけるのはやめましょう。

ほぼすべてのケースで勘違いです。無理ではありません。もちろん、時間をかけなければ物理的に無理ですが、時間をかけても合格が無理なわけではありません。

本書を読んだ方は、ぜひ慶應大学も目指してみることをお勧めします。慶應大学など無理に決まっている！　そんな風にあなたが思っているのであれば、ぜひ『慶應大学絶対合格法』を手に取ってください。仮面浪人をしながら慶應大学を目指している人も多いです。

評定平均が低くても出願できる難関大学がある

◉勉強ができなくても頭がいい奴はいる

勉強ができることは一つの頭の良さですが、これだけが頭の良さではありません。勉強ができなくても、頭がいい人はいます。この手の頭のよさや、行動力も含めた魅力を持つ人材を大学は求めています。

◉対策の要は書類作りと小論文対策にあり

学力以外の力であなたを選ぶ際に重要な判断基準になるのが、書面と小論文（考える力と書く力）です。これらの入試枠の対策には、小論文対策と、書面対策が欠かせません。

◉自己推薦枠は大学からのラブレター

自己推薦等の推薦枠は、学力以外であなたを選びたいという大学からのメッセージです。不合格になったとしても何も失うものはありませんので、余裕がある人はぜひ受験してみましょう。次のページにご紹介するのは、推薦入試、ＡＯ入試等の受験の一覧表です。

推薦入試							
	書類審査	小論文	面接	学力試験	評定	評定（その他）	併願
明治・文学部（自己推薦）	● 1次	● 2次	● 2次		3.5以上		併願可能
明治・農学部農学科（自己推薦）	● 1次		● 2次	● 2次	4.3以上		専願のみ
明治・農学部農芸化学科（自己推薦）	● 1次		● 2次	● 2次	4.3以上		専願のみ
明治・農学部生命科学科（自己推薦）	● 1次		● 2次	● 2次	4.0以上		専願のみ
明治・農学部食料環境政策学科（地域農業振興特別入学試験）	● 1次		● 2次（プレゼンテーションあり）		4.3以上		専願のみ
明治・商学部公募制特別入学試験（グッド・パフォーマンス入試）	●	●	●		4.0以上		併願可能
明治・総合数理学部現象数理（自己推薦）	● 1次		● 2次	● 2次	数学4.0以上かつ理科3.8以上	数Ⅰ・数A・数Ⅱ・数B・数Ⅲ・数C履修	併願可能
明治・総合数理学部先端メディアサイエンス学科（自己推薦）	● 1次		● 2次（プレゼンテーションあり）		3.6以上	数・英評定平均3.8以上	併願可能
明治・政治経済学部（帰国生特別入試）			●	●（国語）			
明治・法学部／国際日本学部（海外就学者特別入学試験）	● 1次	● 2次	● 2次（法学部プレゼンテーションあり）				
青山学院・文学部英米文学科（自己推薦）［英語資格取得者を対象］	● 1次	● 2次	● 2次			実用英語技能検定準1級以上もしくはB.TOEIC®730点以上もしくはC.TOEFL®520点以上（iBTの場合は68点以上）	併願可能

	書類審査	小論文	面接	学力試験	評定	評定（その他）	併願
青山学院・文学部史学科（自己推薦）	● 1次	● 2次	● 2次			高等学校における全体の評定平均値が4.0以上または、2. 高等学校における全体の評定平均値が3.8以上、かつ「世界史B」もしくは「日本史B」の評定平均値が4.5以上	専願のみ
青山学院・文学部比較芸術学科（自己推薦）	● 1次		● 2次	● 2次		高等学校における全体の評定平均値が4.0以上または、高等学校における全体の評定平均値が3.8以上、かつ「外国語」、及び、「世界史B」・「日本史B」のいずれかの評定平均値4.2以上	専願のみ
青山学院・社会情報学部（海外就学経験者）		●		●			
青山学院・文学部（海外就学経験者）				●（日本語・日本文学）			
青山学院・法学部（海外就学経験者）		●		●（英語）			
青山学院・理工学部（海外就学経験者）				●			
青山学院・国際政治経済学（海外就学経験者）	● 1次	● 2次					
青山学院・経済学部（海外就学経験者）		●		●（英語）			
立教大学・文学部（自由選抜／方式I）	● 1次	● 2次	● 2次	● 2次			
立教大学・文学部（自由選抜／方式II）			●	●			
立教大学・異文化コミュニケーション学部（自由選抜／資格I・II・III）	● 1次	● 2次	● 2次	● 2次			
立教大学・経営学部（自由選抜／資格I・II・III）	● 1次	● 2次（資格IIIのみ）	● 2次	● 2次（資格I・IIのみ）	3.8以上		

	書類審査	小論文	面接	学力試験	評定	評定（その他）	併願
立教大学・理学部（自由選抜）	● 1次	● 2次	● 2次	● 2次	3.8以上		
立教大学・社会学部（自由選抜／資格Ⅰ・資格Ⅱ）	● 1次	● 2次	● 2次	● 2次	3.8以上		
立教大学・法学部（自由選抜）	● 1次		● 2次	● 2次	3.8以上		
立教大学・観光学部（自由選抜）	● 1次	● 2次	● 2次	● 2次	3.8以上		
立教大学・コミュニティ福祉学部（自由選抜）	● 1次		● 2次	● 2次	3.5以上		
立教大学・現代心理（自由選抜）	● 1次		● 2次	● 2次	3.5以上		
立教大学・文学部／経営学部（帰国生入試）	●	●	●				
中央大学・法学部（自己推薦）	● 1次		● 2次（グループディスカッション）	● 2次			
中央大学・経済学部（自己推薦・海外帰国生等入学試験）	● 1次	● 2次	● 2次	● 2次			
中央大学・理工学部数学科（自己推薦）	● 1次	● 2次	● 2次		4.65以上		
中央大学・理工学部物理学科（自己推薦）	● 1次	● 2次	● 2次（プレゼンテーションあり）		3.8以上		
中央大学・理工学部都市環境学科／精密機械工学科（自己推薦）	● 1次		● 2次	● 2次	3.8以上		
中央大学・理工学部電気電子情報通信工学科（自己推薦）	● 1次	● 2次	● 2次		3.8以上		

	書類審査	小論文	面接	学力試験	評定	評定（その他）	併願
中央大学・理工学部応用化学科／情報工学科（自己推薦）	● 1次		● 2次	● 2次	4.0 以上		
中央大学・理工学部経営システム工学科（自己推薦）	● 1次	● 2次	● 2次		4.0 以上		
中央大学・理工学部人間総合理工学科（自己推薦）	● 1次		●2次 （プレゼンテーションあり）		4.0 以上		
中央大学・理工学部　（海外帰国生コース）	● 1次	●2次（生命科学科のみ）	● 2次				
中央大学・総合政策学部（公募推薦）	● 1次		●2次 （プレゼンテーションあり）	● 2次	4.0 以上		
中央大学・法学部（海外帰国生等特別入学試験）		● 1次	● 2次	● 1次			
中央大学・商学部（海外帰国生等特別入学試験）		●	●	●			
中央大学・文学部（海外帰国生等特別入学試験）		●	●	●			
法政大学・文学部日本文学科（自己推薦）	● 1次		● 2次	● 2次	3.8 以上		第1
法政大学・文学部地理学科（自己推薦）	● 1次		● 2次	● 2次	4.0 以上		第1
法政大学・国際文化学部　ＳＡ（自己推薦）	● 1次		● 2次		3.5 以上		第1
法政大学・人間環境学部（自己推薦）	● 1次	● 2次	● 2次	● 2次	3.8 以上		第1
法政大学・キャリアデザイン学部（自己推薦）	● 1次	● 2次	● 2次	● 2次	3.8 以上		第1

	書類審査	小論文	面接	学力試験	評定	評定（その他）	併願
法政大学・キャリアデザイン学部商業学科等対象（公募推薦）	●1次		●2次		4.0以上		
法政大学・GIS（グローバル教養学部）自己推薦11月	●1次		●2次				第1
法政大学・GIS（グローバル教養学部）自己推薦1月	●1次						第1
法政大学・GIS（グローバル教養学部）自己推薦3月	●		●				第1
法政大学・理工学部機械工学科航空操縦学専修（自己推薦）	●1次		●2次	身体・操縦適性検査	4.0以上		第1
法政大学・スポーツ健康学部（自己推薦）	●1次	●2次	●2次		4.0以上		第1
法政大学・文学部／経営学部（帰国生入試）	●1次	●2次	●2次				
法政大学・デザイン工学部／理工学部／生命科学部（帰国生入試）	●1次	●2次	●2次	●2次			
上智大学・神学部（公募推薦）	●	●	●	●	3.5以上		専願のみ
上智大学・文学部（公募推薦）	●	●国文学科／ドイツ文学科のみ	●	●哲学／史学／英文／フランス文学科／新聞学科のみ	4.0以上		専願のみ
上智大学・総合人間科学（公募推薦）	●	●教育／心理／看護学科のみ	●	●社会／社会福祉のみ	4.0以上		専願のみ
上智大学・国際教養学部（公募推薦）	●		●	適性検査	4.0以上		専願のみ

	書類審査	小論文	面接	学力試験	評定	評定（その他）	併願
上智大学・外国語学部（公募推薦）	●	●ドイツ語／フランス語／ロシア語／ポルトガル語学科のみ	●	●英語／イスパニア語学科のみ	4.0以上		専願のみ
上智大学・法学部（公募推薦）	●	●	●		4.0以上		専願のみ
上智大学・経済学部（公募推薦）	●	●経済のみ	●	●経営のみ	4.0以上		専願のみ
上智大学・理工学部（公募推薦）	●	●物質生命理工学科のみ	●	●機能創造理工／情報理工学科のみ	4.0以上		専願のみ
上智大学・総合グローバル（公募推薦）	●	●	●	●	4.0以上		専願のみ
上智大学・神学部（帰国生入試）	●	●	●	●			専願のみ
上智大学・文学部（帰国生入試）	●	●哲学／国文学科／ドイツ文学科のみ	●	●史学／英文／フランス文学科／新聞学科のみ			専願のみ
上智大学・総合人間科学（帰国生入試）	●	●心理／看護／社会福祉のみ	●	●教育／社会／社会福祉のみ			専願のみ
上智大学・法学部（帰国生入試）	●	●	●	●			専願のみ

	書類審査	小論文	面接	学力試験	評定	評定（その他）	併願
上智大学・経済学部（帰国生入試）	●	●経済学科のみ	●	●			専願のみ
上智大学・外国語学部（帰国生入試）	●	●英語科以外	●	●英語科のみ			専願のみ
上智大学・総合グローバル学部（帰国生入試）	●	●	●				専願のみ
上智大学・理工学部（帰国生入試）	●		●	●			専願のみ
関西大学・商学部（公募推薦）	●	●	●		4.0以上		専願のみ
関西大学・システム理工学部（公募推薦）	●	●物理・応用物理/機械工/電気電子情報工学科のみ	●	●数学科のみ			専願のみ
関西大学・環境都市工学部（公募推薦）	●	●	●			数・理に関する科目評定平均値が 4.0 以上	専願のみ
関西大学・化学生命工学部（公募推薦）	●	●	●			数・理に関する科目評定平均値が 4.0 以上	専願のみ
関西大学・総合情報学部（帰国生徒入学試験（春学期入学）	●	●	●				
関西学院大学・神学部/キリスト教伝道者コース（帰国生徒入学試験）	●		●				
関西学院大学・理工学部（学校長推薦型・自己推薦型）	●	●	●				専願のみ
関西学院大学・理工学部（帰国生徒入学試験）			●	●			専願のみ
関西学院大学・総合政策学部（帰国生徒入学試験）	●		●				
関西学院大学・教育学部/教育学科（帰国生徒入学試験）		●	●	●			

	書類審査	小論文	面接	学力試験	評定	評定(その他)	併願
関西学院大学・国際学部（帰国生徒入学試験）			●	●			
関西学院大学・人間福祉学部（帰国生徒入学試験）	●		●	●			
関西学院大学・商学部（帰国生徒入学試験）		●	●				
関西学院大学・経済学部（帰国生徒入学試験）	●		●	●			
関西学院大学・法学部（帰国生徒入学試験）		●	●	●			
関西学院大学・社会学部（帰国生徒入学試験）		●	●	●			
関西学院大学・文学部（帰国生徒入学試験）			●	●			
同志社大学・神学部	● 1次		● 2次		3.5以上		
同志社大学・神学部推薦選抜入学試験（公募制）<A・B区分>		●	●		3.5以上		
同志社大学・文学部推薦選抜入学試験（公募制）	● 1次	● 2次	● 2次		4.0以上	英語の評定平均値4.1以上	
同志社大学・社会学部推薦選抜入学試験（公募制）		●	●				
同志社大学・法学部推薦選抜入学試験（公募制）	● 1次	● 2次	● 2次		4.0以上		
同志社大学・経済学部推薦選抜入学試験（公募制）	● 1次	● 2次	● 2次	● 2次	3.4以上		
同志社大学・文化情報学部推薦選抜入学試験（公募制）		●	●				
同志社大学・理工学部推薦選抜入学試験（公募制）		●	●		4.3以上	外国語全科目の評定平均値が4.3以上	

	書類審査	小論文	面接	学力試験	評定	評定（その他）	併願
同志社大学・心理学部推薦選抜入学試験（自己推薦）	● 1次	● 2次	● 2次				
同志社大学・グローバル・コミュニケーション学部推薦選抜入学試験（公募制）	● 1次	● 2次	● 2次				
同志社大学・グローバル地域文化学部推薦選抜入学試験（公募制）	● 1次	● 2次	● 2次				
同志社大学・生命医科学部推薦選抜入学試験（公募制）		●	●				
同志社大学・スポーツ健康科学部推薦選抜入学試験（帰国生徒入学試験）		●	●				
慶應義塾大学・文学部推薦入試（自主応募）	●	●			4.1以上		
慶應義塾大学・薬／医学部（帰国生入試）	● 1次	● 2次	● 2次	● 2次			
慶應義塾大学・総合政策／環境情報学部（帰国生入試）	● 1次	● 2次	● 2次				
慶應義塾大学・理工学部（帰国生入試）	● 1次	● 2次	● 2次				
慶應義塾大学・商／経済／法／文学部（帰国生入試））	● 1次	● 2次	● 2次				
早稲田大学・教育学部（自己推薦）	● 1次	● 2次（数学科以外）	● 2次	● 2次（数学科のみ）	4.0以上		
早稲田大学・社会科学部【全国自己推薦入試】	● 1次	● 2次	● 2次		4.0以上		
早稲田大学・スポーツ科学部（自己推薦）	● 1次	● 2次	● 2次		3.5以上		
早稲田大学・基幹理工／創造理工／先進理工学部（帰国生入試）	● 1次		● 2次	● 1次			
早稲田大学・政治経済／法／文化構想／文／商／社会科学部（帰国生入試）	●	●		●			

	書類審査	小論文	面接	学力試験	評定	評定（その他）	併願
早稲田大学・教育学部（帰国生入試）	●	●	●	●			
早稲田大学・人間科／スポーツ科学部（帰国生入試）	●		●	●			

AO入学試験							
	書類審査	小論文	面接	学力試験	評定	評定（その他）	併願
明治・理工学部電気電子生命学科	●			●		数・理・英 3.8 以上	
明治・理工学部機械情報工学科	●		●（プレゼンテーションあり）	●		数・理・英 3.8 以上	
明治・理工学部建築学科	● 1次		● 2次 1次（プレゼンテーションあり）	● 1次・2次		数・理・英 3.5 以上	
明治・理工学部応用化学科	● 1次	● 1次	● 2次	● 1次・2次			
明治・理工学部情報科学科	●		●	●	3.8 以上	数Ⅰ・数A・数Ⅱ・数B・数Ⅲ・数C 履修	
明治・理工学部数学科	●		●	●	3.5 以上かつ数 4.0 以上	数Ⅰ・数A・数Ⅱ・数B・数Ⅲ・数C 履修	
国際基督教大学・教養学部アーツ・サイエンス学科（Aカテゴリー）	● 1次		● 2次		4.1 以上		専願のみ
国際基督教大学・教養学部アーツ・サイエンス学科（Bカテゴリー）	● 1次		● 2次				専願のみ
関西大学・文学部	● 1次	● 2次	● 2次		3.5 以上		
関西大学・経済学部	● 1次	● 2次	● 2次		3.5 以上		
関西大学・法学部／社会学部	● 1次	● 2次	● 2次				
関西大学・商学部	● 1次		● 2次		3.5 以上		
関西大学・政策創造学部	● 1次		● 2次				

	書類審査	小論文	面接	学力試験	評定	評定（その他）	併願
関西大学・外国語学部<外国語運用能力評価型>	● 1次	● 2次	● 2次			英語に関する科目の評定平均値が4.0以上	
関西大学・外国語学部<将来目標評価型>	● 1次	● 2次	● 2次		3.8以上	英語に関する科目の評定平均値が4.2以上	
関西大学・人間健康学部/総合情報学部	● 1次	● 2次	● 2次		3.5以上		
関西大学・社会安全学部	● 1次	● 2次	● 2次		3.8以上		
関西大学・システム理工学部/化学生命工学部	● 1次		● 2次				
関西学院大学・神学部キリスト教伝道者コース	●		●				併願可能
関西学院大学・文学部	●		●	●	3.5以上		併願可能
関西学院大学・社会学部	● 1次		● 2次	● 1次	3.5以上		併願可能
関西学院大学・法学部	● 1次		● 2次	● 1次			併願可能
関西学院大学・経済学部	●		●		4.2以上		併願可能
関西学院大学・商学部/人間福祉学部	● 1次		● 2次	● 1次			併願可能
関西学院大学・総合政策学部	● 1次	● 1次	● 2次				併願可能
関西学院大学・国際学部	● 1次		● 2次	● 1次			併願可能
関西学院大学・理工学部	●	●物理/数理科学科のみ	●				併願可能

	書類審査	小論文	面接	学力試験	評定	評定（その他）	併願
関西学院大学・教育学部	●1次		●2次（幼児教育コースのみ適性・実技あり）	●1次			併願可能
同志社大学・商学部	●1次		●2次				
同志社大学・文化情報学部	●1次		●2次			英・国・数のいずれかの評定平均週が4.0以上であることが望ましい	
同志社大学・スポーツ健康科学部	●1次		●1次				
立命館大学・法学部法学セミナー方式	●1次	●2次	●2次				
立命館大学・産業社会学部産業社会小論文方式	●1次	●1次	●2次		3.5以上		
立命館大学・国際関係学部国際関係学専攻選抜方式	●1次	●1次	●2次（グループディスカッションあり）				
立命館大学・国際関係学部グローバル・スタディーズ専攻選抜方式	●		●				
立命館大学・政策科学部政策科学セミナー方式	●1次	●1次	●2次（グループディスカッションあり）	●1次			
立命館大学・文学部課題論文方式	●1次	●2次	●2次				
立命館大学・文学部国際方式	●1次		●2次				
立命館大学・文学部フィールドワーク方式	●1次		●2次	●2次（適性・実技あり）			

	書類審査	小論文	面接	学力試験	評定	評定（その他）	併願
立命館大学・映像学部課題作成・プレゼンテーション方式	● 1次	● 2次（文章創作型のみ）	● 2次（プレゼンテーションあり）	● 2次（適性・実技あり）（ビジュアル創作型のみ）			
立命館大学・経営学部国際ビジネス英語重視方式	● 1次	● 2次	● 2次				
立命館大学・スポーツ健康科学部グローバル・リーダーシップ方式	● 1次	● 2次	● 2次		3.5以上	英・国・数のいずれかの評定平均週が4.0以上であることが望ましい	
立命館大学・理工学部理工セミナー方式	●		●物理科学科のみ	●	3.0以上		
立命館大学・情報理工学部総合評価方式	●	●	●	●（プログラミング試験型のみ）			
立命館大学・生命科学部科学技術チャレンジ方式	●		● 2次（プレゼンテーションあり）			科学技術コンテスト等で資格要件となる成績を修めたもの	
慶應義塾大学・法学部（FIT 入試<A・B 方式>）	● 1次	● 2次	● 2次（A 方式グループ討論）		4.0以上		
慶應義塾大学・理工学部	● 1次		● 2次		4.1以上		
慶應義塾大学・総合政策 / 環境情報学部<A・C 方式>4 月入学 I・II 期、9 月入学	● 1次		● 2次				
慶應義塾大学・総合政策 / 環境情報学部<B 方式><4 月入学 I 期>	● 1次		● 2次		4.5以上	4.5 を含む	
慶應義塾大学・看護医療学部<A・B 方式>	● 1次		● 2次			<B 方式>全体の評定平均値 4.5 以上（4.5 を含む）	

	書類審査	小論文	面接	学力試験	評定	評定（その他）	併願
関慶應義塾大学・総合政策 / 環境情報学部 <A・C方式>（帰国生入試）	● 1次		● 2次				
早稲田大学・政治経済学部【総合選抜入試】	●	●	●				
早稲田大学・国際教養学部<国内選考>	●	●					
早稲田大学・創造理工学部「早稲田建築AO入試（創成入試）」	● 1次		● 2次	●1次（適性・実技あり）			
早稲田大学・基幹理工学部・創造理工学部・先進理工学部（数学・日本生物学・情報オリンピック / 化学グランプリ / 高校生科学技術・物理チャレンジ / 日本学生科学賞入試）	● 1次		● 2次				

AO・推薦入試の対策とは？

◉大学教授の本音を知り、試験趣旨を知り、小論文の力を高める

まず第一にすべきことは、自分のメンタルブロック（無理だという単なる思い込み）を外すことです。○○大学なんて自分には無理だという固定観念を外しましょう。今までの成績が良くなかった人もいるでしょう。無視してください。過去のあなたは未来のあなたではありません。皆数万項目の日本語をペラペラ話す優秀な頭脳を持っています。

このメンタルブロックは自分自身に約20年間語りかけたセルフトークが自己有能感などの自分のイメージを作り上げ、実質的には自分が自分を洗脳している状態に近いと言われています。あなたの限界はあなたが決めたものです。あなたが取り払えばその瞬間から限界はありません。心理的に存在する障害を取り除きましょう。

次に『AO・推薦入試面接・小論文対策の極意』（エール出版社）を3回読みます。大学教授が執筆している数少ないAO・推薦本です。二度目以降は線を引いたところを中心に読みましょう。次に『小論文技術習得講義』『小論文の教科書』を読みます。慶應を受験する人は『慶應小論文合格バイブル』も必ず読んでおきましょう。その後ディジシステムのメルマガに登録してください。多くの受験生の点数が約半分になるような重要なポイント、考え方、勉強法を映像で無料で解説しています。

◉塾や学校の教師の言いなりになるべからず

先生の言うことを聞くのは良いことですが、従順になりすぎて何も考えなくなるのはあまり良いことではありません。

学校は学校の事情から、生徒に国立を強く薦めることがあります。国立に進むことがもっともよいという文化がある学校もあるでしょう。同様に塾の講師は、ＡＯや推薦に否定的であることも多いものです。学校も塾もそれぞれの事情がある場合もあれば、時には生徒の可能性をむしばむことを言うものです。

「お前がＡＯ入試で慶應大学なんて……一番無理なやつを選んだな」

このように言われていた子を私がサポートした結果、彼は慶應大学法学部にＡＯ入試で現役合格しました。慶應大学法学部と言えば、最高裁の裁判官の排出や日本の政界、財界でも最も大きな影響力を持つ人材を多数輩出している学部です。上位国立大学と慶應では慶應を選ぶ人も珍しくはありません（慶應の医学部の約半数は東大合格者とも言われています）。

塾の講師は小論文を教えることができず反対することもあれば、学校の教師はここには書くことができない理由で推薦等で難関私立大学に合格することを快く思わないケースも存在するということは覚えておきましょう。

小論文の科目特性を利用して難関私大に合格する

◉小論文の科目特性とは？　～間違いだらけの慶應&小論文対策～

小論文受験の未経験者や小論文指導の未経験者は、小論文は科目負担が無いので楽だと教えることがあります。これは小論文の科目特性の無知からくる指導です。

小論文には以下の五つの特性があります。

◆（1）小論文は思考面の地頭を見る側面が強い。

◆（2）小論文対策に時間はほとんどかからない。

◆（3）小論文受験者の平均点はかなり低い。

◆（4）合格率が少なくとも50%はある併願先（難関12大学）を小論文の活用（ひと月に約3時間程度の勉強）で複数確保できる。

◆（5）併願することでどこかに合格できる確率は飛躍的に高まる。

これらの前提から導かれる難関私大合格確率上昇の裏技とは、次の併願戦略です。

〔難関私大合格確率最大化戦略〕
時間をほとんどかけずに小論文試験対策をしながら、慶應大学や難関私大のＡＯ・推薦枠を狙いつつ、自分の志望大学＆学部を狙う

※特に理工学部などの受験生は、意外と慶應ＳＦＣを併願して、慶應ＳＦＣに進学することを狙っている人も中にはいます。

※関西圏の方は慶應大学に進学することをよしとしない人もいるかと思います。その場合は、関西圏の難関大学の推薦枠を狙うことを考えてみましょう。

（例）合格率が50％ならば三つの併願で9割弱の合格率になります（確率計算上）。

（例）合格率が30％ならば三つの併願で7割程度の合格率になります（確率計算上）。

小論文の特性1　**小論文は思考面の地頭を見る側面が強い**

小論文は書くだけだと思われているのでなめられることも多いのですが、一橋大学、慶應法学部、慶應文学部等にすべて合格しても、慶應ＳＦＣだけダブルで不合格になるケースがあるなど、小論文の配点が高い場合、対応できなければまったく歯が立たないということも珍しくありません。英

語や歴史は覚えれば点数を取ることができますが、小論文はそれができません。したがって考える力や書く力を高める必要があります。小論文試験はその人の思考力や思考スキルのレベルを見られています。

小論文の特性2　小論文対策に時間はほとんどかからない

覚えるだけでは対策ができないとはいえ、小論文試験の良い点は、ほとんど時間をかけずとも、点数が伸びていくところです。現代文と同様、授業等の成果が大きい科目です。書き方と考え方をしっかりと教えてもらった後は、添削を受けて指導された点を改善していくと点数を高めることができます。

多くの受験生は（忙しいので時間が無いのでやらない）と考えていますが、これが大きな判断ミスであることは珍しくありません。合格率は併願することで上がります。合格率が50％であったとしても、三つの大学すべてに合格率50％の場合は、併願することで総合的な合格率は90％近くになります。

小論文対策をすることで、文章を構造的に読む力を引き上げれば、英語と現代文、古文の点数が上がります。小論文の学習は他の科目との相乗効果もあります。

小論文の特性3　小論文受験者の平均点はかなり低く対策可能性は比較的高い

小論文試験の点数は、難関大学受験生でも平均点は低いです。学力が高くても小論文の実力は無い人も多いので、学力あり&小論文が苦手という人が慶應や推薦枠・AO枠を大量に受験していま す。だからこそチャンスなのです。小論文が得意な人が一点突破し、早稲田や慶應を含む難関12大学に合格できる可能性があるということです。

小論文を月に1～3時間のみ勉強する併願戦略

小論文対策は極端な話、月に2時間程度でも構いません。講義本を乱読した後に、毎月少しだけ書くだけでもいいのです。しかし、リターンはかなり大きいです。

理由1・あなたには小論文の才能がある可能性があるため

あなたに小論文や考えることにセンスがかなりある場合は、意外に思うかもしれませんが東大併願組にすら勝てます。学校のテストの点が悪い人が小論文の点数が低いわけではありません。人の推論能力は、学校の成績との相関がないことが分かっています。

理由2・物理的に時間が無くても間に合わせることができる可能性が出てくるため

いくら併願すれば合格率が上がるとはいえ、そもそも30%や50%に合格率が満たない場合は、いくら併願しても全部不合格になります。これは計算すれば分かります。合格率10%であれば、三つの併願でも、不合格になる確率は約70%存在します。言い換えれば、大事なことは、合格することができるトンガリ（実力の突出状況）を小論文も含めてどのように試験までに作ることができるようになるかどうかだけ（ダケだと考えましょう。難関試験受験生の心得です）です。

理由3・多くの受験生の対策は間違っているため

小論文対策は、今日本においてかなり混乱しています。基本的な指導内容が違うこともあります。その結果かなり多くの受験生がハチャメチャな論文を書き、結果が出にくくなっているという現状があります（平成25年現在）。したがって、競争条件がゆるく、あなたに勝機があります。慶應大学も小論文の平均点は50点程度です。

わずか10日で慶應義塾大学法学部に合格した

わずか10日程度で、慶應義塾大学法学部に合格してしまったケースがあります。その時は、小論文の対策をガンガンにやりました（ＡＯ入試）。試験までに時間が無いので、とにかく徹底して本書でお伝えしたカリキュラムで小論文を勉強してもらったのです。

◇ステップ1　『小論文技術習得講義』を3回読む。
◇ステップ2　『小論文の教科書』を3回読む。

◇ステップ3『慶應小論文合格バイブル』を3回読む。
◇ステップ4『本には書けない慶應小論文合格バイブル』（非売品）を3回読む。
※二度目からは、線を引いたところだけを読む。その時に、学びになったことを彼はノートにまとめていました。
※私が主催する慶應大学進学専門塾　慶應クラスの資料請求者に配っているもの。
◇ステップ5「小論文の講座」を受講（7日間プログラムという講座）。
◇ステップ6　小論文の添削を集中的に受ける。
◇ステップ7　電話で個別相談を行い、分からないことや疑問点を解決。
※この時に牛山はかなり残業してヘトヘトに……。

これで合格しました。合格証書は、ウェブサイトでご紹介しています。

忙しいから小論文をやらない……ではなく、忙しいからこそ小論文をやる

頭がパニックになっている受験生は慶應ＳＦＣのように小論文で勝負が決まる大学を受験する場合ですら、忙しいので小論文をやるヒマが無い……などと言います。これは本末転倒です。合格す

るものも合格しなくなってしまいます。慶應法・文志望者とて同じことです。

試験の本質をつかんだ人はこう言います。「試験対策とは、合格のための蓋然性を高めていく作業である」（同志社大学出身のある弁護士の言葉）

一般的ではないので、良くないと思うという考え方をする人がたまにいますが、逆に言えば、一般的ではないからこそ、あなたに勝機が出てきます。本を読んでも参考程度にする人が多く、そのため競争要因が変わりにくい仕組みがあります。ここがチャンスです。多くの人は実態がどうか？を気にするよりも、普通は何か？気にして損をします。現実への対処能力が高いのは言うまでもなく、実態がどうなっているかを理解している人です。

本書では事実をベースとして数学の確率計算を用いて、あなたの合格の可能性をもっとも高める方向性案を示しました。

本書で言及しきれなかった点については、『プレゼント動画』の中でお伝えしていきます（ご希望の方はメルマガにご登録ください）。絶対に難関私大に合格しましょう。

◉なぜ小論文なのか？（合格蓋然性・可能性最大化の武器になる）

小論文をやる価値は、あなたが持っている少ない手持ちの時間を有効活用して、合格しやすくなることにあります。

話を分かりやすくするためにざっくりとしたお話をします。今志望校が四つあり、あなたが難関私大12大学に合格できる確率が40％だとします。ここからさらに手持ちの時間を１０００時間投げて、今やっている勉強を増やしても、あまり合格率が変わらないことがあります。他のライバルも同じく実力をつけているという理由が一つ。もう一つの理由は、かけた時間のわりに点数が伸びていないからです。受験勉強は、50点まではすぐに伸びます（数百時間）。そこからすぐに70点までは伸びます（数百時間）。かなり時間をかければ80点まで伸びます（数百時間程度）。そこから無尽蔵に時間をつっこみ、90点取れるようになります（さらに目安として1000時間以上）。

併願すれば確率的に合格率が伸びます。しかしそれは、併願しさえすればということではなく、トンガリとしての実力があることが条件です。試験結果は勝負できる実力の掛け合わせで決まっています。例（日本史×英語×●●）この最後の●●の部分に入れるものは、小論文でも、数学でもいいのです。数学には文系で約900時間かかり、小論文は場合によっては30時間で対処可能性があるということです。

小論文はセンスがかなりものを言う試験ですので、誰でもやれば必ずトンガリとなり、試験で大活躍するとは限りません。人によっては、10年かかっても良い力がつかないケースもあり得ます。いずれにしてもあまり多くの時間をかけすぎずとも、現代文や英語の点数が伸び、同時にトンガリを作ることができる可能性がある上に、併願の機会も増えるので、取り組むほうが手持ちの時間をうまく活用できるようになります。このことをシンプルに言います。

手持ちの30時間を小論文に投資すれば、あなたは大化けする可能性があるということです。本書でご紹介した慶應大学法学部に合格した受験生はその一例です。

もう少し別の側面を言えば、手持ちのコマである時間を小論文に投げれば、確率的にはほぼ確実に難関私大12大学への合格率が上がるということです（あなた個人の話ではなく、一般論です）。確率が上がる理由は併願先を増やすことができ、時間当たりの得点リターンが大きいからです。30時間で60点の点を上げるか（小論文の場合）、それとも2点の点を上げる（英語の場合や歴史の場合）か、どちらがいいでしょうか？　60点上がる方がいいです。

◉試験は時間投資の神経衰弱モドキの記憶・思考ゲームの側面もあり

多くの人は試験は頭の良さをテストするものだと思っていますが、現実には記憶テストと、思考テスト（小論文と理数系応用問題）です。

> 【問題】
>
> 記憶テストと思考テストである大学受験入試で合格するために、どこにどれだけの時間を投資して、どのように併願すると、もっとも難関私立大学12大学のどこかに合格する確率は高くなるかについて、自由に述べなさい。

本書の内容は、この問いに対する答えです。確率計算上併願により数学的に必ず合格率が上昇します。試験は記憶量で決まります。推薦入試はなめられています。多くの人は小論文を使いません。そして、時間の投資対効果の観点から、時間当たりの得点リターンが大きいものの優先順位を高く設定し（小論文など）て、合格最低点の過去3年間の平均点より＋20点を確保するための最善の方法論を本書で説きました。

難関私大に絶対に合格しよう！

私からの最後のメッセージは、難関私大に絶対合格しようというものです。そのために、合格率を上げたければ、小論文もやった方がいいということをご説明しました。その理由は、時間をかけなくてもいいからです。

本書を最後までお読み頂きありがとうございました。いくらかでも参考にしていただけるところがあれば、著者として望外の喜びです。最後にこの場を借りて、出版に際してご尽力いただいたすべての関係者の皆様に心よりお礼申し上げます。

【本書のまとめ】1日に一度、30日間、数分だけ読みましょう

・試験は記憶量で決まる。
・受験の急所は記憶。
・もう一つの受験の急所は小論文になり得る。

・記憶の質を高めるために英語は丸暗記をしてはいけない。
・記憶作業の密度を限界まで引き上げる計画を設計すれば合格しやすい。
・数学ですら暗記であり、高校を中退して東大理系に進学した人がいる。
・受験の本質は時間をちぎって得点を得る競争。
・時間をちぎって投げる競争であるため、得点リターンが多いことに時間を使う必要がある。
・小論文は時間当たりの得点上昇率が高い科目。
・年間30時間でいいので、小論文に時間を投げれば、得意科目に化ける可能性がある。
・小論文を勉強すれば、論理に強くなり、現代文や英語の点数上昇を期待できる。
・小論文はつぶしがきくので、いずれにしても勉強しておくほうがいい。
・受験で合格するには、他の人と比べてトンガリがある科目をいくつ作れるかが大切。
・AO枠や推薦枠は狙うことで合格確率が上がる（一般論）。
・受験は科目の組み合わせ。より正確には掛け合わせで決まっているというよりも、自分がもっているトンガリの掛け合わせで合格できる。例）地歴、数学、英語で慶應大学商学部に合格するなど。
・いかに時間をかけずにトンガリを作ることができるかどうかが受験では試されている。
・受験で合格するということは、他の人よりも高いトンガリを作ることができたということ。
・各科目のトンガリは、時間が経つごとに伸びにくくなる（最初は伸びやすいが、途中から伸びにくくなる）。

・併願すれば確率計算上、数学的に合格率は確実に伸びると言える。
・手持ちの時間を使い、人より高いトンガリを作ることにより、その掛け合わせで合格を勝ち取る競争が受験であるため、一般論を述べれば、小論文対策を時間をかけずに行うことにより、合格確率は併願により上昇する。

◇理由1　本書の内容を知らない人は小論文を軽視するため（競争率）。
◇理由2　小論文指導が混乱しているため、急上昇を期待できるため。
◇理由3　小論文対策は時間をかけなくてもいいため。
◇理由4　併願すれば確率が上昇するため。
◇理由5　勝負できるトンガリの数が増えて、併願先を増やすことができるため。
◇理由6　あなたは小論文の才能がある方かもしれないため。

【プロフィール】牛山　恭範（うしやま　やすのり）

多くの記憶を人の頭に根付かせることが専門のスキルアップコンサルタント。慶應大学合格請負人として活動する。自分自身も独自の記憶法により数万項目の記憶を作り、慶應義塾大学にダブル合格する。同大学在学中に起業し、現在株式会社ディジシステム代表取締役。大前研一氏に思考について師事を受ける。ビジネスブレークスルー大学大学院（Kenichi Ohmae Graduate School of Business）経営管理研究科修士課程修了。（MBA）難関私立大学受験予備校『難関私大アカデミー』慶應大学進学予備校『慶應クラス』を主宰。主な著書に『慶應大学絶対合格法』『慶應小論文合格バイブル』がある。ヤフー知恵袋専門家回答者として活動。小論文能力強化用ソフト「構造ノート」「構造議論チャート」を自社開発し、学習スキル指導、小論文指導、記憶能力開発等により、日本でTOP10位以内、0・1％以内の成績になる生徒、国立を含む大学院への主席、次席合格者等最上位成績者を多数輩出。本書及び類書で紹介した学習法を用いることで牛山自身、医師、東大及び東大院、京大、早慶（院）、最難関国立大学卒のクラスメートが多数の大学院で成績優秀者となる。学習支援を中心に奮闘中。

難関私大対策の急所

2014年2月15日　初版第1刷発行

著　者　　牛　山　恭　範
編集人　清水智則／発行所　エール出版社

〒101-0052　東京都千代田区神田小川町2-12
信愛ビル4F
e-mail：info@yell-books.com
電話　03(3291)0306／FAX　03(3291)0310

＊定価はカバーに表示してあります。

＊乱丁本・落丁本はおとりかえいたします。

ISBN978-4-7539-3245-0